ハワイ・フナ
の教えで願いを叶える

宇宙に愛される幸運エナジーの法則

レイア高橋 著

JN169982

WAVE出版

ハワイ・フナの教えで願いを叶える
宇宙に愛される 幸運エナジーの法則　目次

第2章

自分を愛すること、認めること

第3章

体調を整えると、体に愛が宿る

第4章

お金を生み出すエナジー

第5章

ソウルメイトはなぜ必要なのか

編集協力　サンダーアールラボ
（長沼恭子、長沼敬憲）
装幀　豊原二三夫（As制作室）
帯写真　高山求
DTP　ノア

序　章

宇宙につながると願いは叶う

この世界は、愛のエナジーであふれています。

あなたが気づいていないだけで、私たちはこのエナジーに全身が包まれ、守られながら生きています。

それは、宇宙の法則そのものと言ってもいいかもしれません。

人を好きになるのも、嬉しいことがあって笑顔になるのも、感動して胸がいっぱいになるのも、すべて愛のエナジーが働いているおかげ。宇宙の法則なんてわからないという人も、じつは当たり前のように使っています。

その意味では決して特別なものではないのですが、いやなことやつらいことがあると、私たちはこのエナジーの存在をつい忘れて、殻に閉じこもってしまいます。人間関係に悩んだり、将来を不安に感じたり、自己嫌悪に陥ったり……ネガティブな思いに支配されるのはそんな時でしょう。

でも、心配しないでください。愛のエナジーはこの宇宙にもともと働いているものなので、意識するだけですぐに取り戻すことができます。テレビのチャンネルのように、瞬時に切り替えられるのです。

気持ちがモヤモヤしていても、チャンネルが変わればすぐに宇宙につながり、愛のエナジーはどんどんと充電されていきます。ただ意識さえすれば、ほんの一瞬であなたを取り巻く世界は変わるのです。

古代ハワイの叡智を継承

愛のエナジーがあふれる時、願いはすべて宇宙が叶えてくれます。

宇宙に投げかけたものが、まるでブーメランのように返ってきますから、コツがつかめると物事がスムーズに進むようになり、**「必ずうまくいく」「もっともっと幸せになれる」**という強い確信が生まれるようになります。

私は、物心がついた頃からこうしたエナジーがこの世界にあふれ、自分を守護してくれていることを感じとっていました。

だから、困難に直面するようなことがあっても不安をおぼえず、直感のおもむくまま、むしろワクワクした気持ちで乗り切ってきました。

その力をさらに強く感じたのは、ハワイの大自然との出会いです。

ハワイに移り住んで26年。この土地の自然とふれあい、フナの教えと呼ばれる（フナはハワイ語で秘儀、秘密という意味)、古代ハワイアンのさまざまな叡智を学んでいくことで、宇宙につながるチャンネルが大きく開き、愛のエナジーが全身からあふれてくるのが実感できるようになりました。

こうした叡智の象徴でもあるロミロミを習得し、継承者として認められるにいたったのも、その過程でのことです。2004年から定期的にハワイで開催しているロミロミ合宿セミナーには、宇宙の法則を学び、内なるエナジーを回復させるべく、日本から多くの方が参加されています。

宇宙にすべてをゆだねる

「まわりの声に惑わされず、自分自身の魂に忠実に生きられるようになった」
「宇宙の流れが感じられるようになり、直感を信じて行動したら、無理だと思っていたことが思わぬ形で実現できた」
「以前よりも自分らしく、自由に過ごせるようになった」
「人間関係にあまり悩まなくなり、自然に感謝の気持ちが湧いてくるようになった」

ありがたいことに、ご縁をいただいた方からたくさんの感想をいただいています。愛のエナジー、それは決して高尚なものではありません。

この世界を楽しく生き、自分の叶えたい夢や目標を実現させていくための原動力であり、あなたのなかに潜在している無限の可能性そのもの。運がいい人、いつも笑顔な人、恋愛や仕事がうまくいっている人、お金儲けが得意な人……こうした人は、すべてこのエナジーを活用しています。

自分を変えようと、むやみにストイックになる必要はありません。**あなたが望んでいる答えは、そうした「頑張る」方向とは逆のところに隠れています。**肩の力を抜き、宇宙の法則にもっと身をゆだねてみませんか？

この本では、ついつい頑張ってしまうあなたの癖をほぐしながら、願いを叶えるための秘訣をお伝えしていきたいと思います。

私たちは幸せになるために生まれてきました。愛について学び、幸せを全身で味わうためのたくさんの計画を用意し、自ら望んでこの世に生を受けたのです。

心の奥底にある本当の願いに気づき、ほんの一歩でも踏み出せたなら、あなたの運はみるみるうちに開かれていくでしょう。

第*1*章

願いを叶え、
なりたい自分になる

願いごとを叶えるシンプルな秘訣

私たちは、心のなかにたくさんの願いごとを持っています。

日常のささいなことから将来の夢や目標まで、さまざまなことを願い、あれが欲しい、これがしたいと思っているでしょう。

でも、なかなか思うように願いが叶わないという不満もありますね？　だとしたら、肝心なところが見落とされているかもしれません。

それは、**欲しい欲しいと思わなくても、欲しいものは手に入るということ。なぜなら、この宇宙には愛の法則がたえず働いているからです。**

私たちは意識しなくても呼吸をし、血液を循環させ、胃や腸を動かしています。もし、自力で動かさなければ生きていけないというのなら、命を維持するために大変な労力を要することでしょう。

こうした体の働きと同様、思いや意識も宇宙の法則の管理下にあります。

この世界にあるすべてのものが宇宙の法則によって動かされているのですから、そこには例外はありません。

私たちが思ったことは、徐々に目に見える形に変わっていきます。**一生懸命に手を伸ばさなくても、そのために無理をしなくても、宇宙の法則に身をゆだねるコツさえつかめば、あなたの望んでいるものは向こうからやってきます。**

「本当なの？」と思うでしょう？　でも、インターネットで欲しいものを注文したら、決まった日時に配達されてきますね？　ちゃんと手続きさえすれば、あとは安心して待っていられるはずです。

現実もそれと同じだと言ったら、気が楽になりませんか？

それが、宇宙の法則の基本です。すべては自動的に動いていくので、私たちはただ流れにまかせていればいいのです。

✿助けを求めれば答えてくれる

「でも……」という声が聞こえてきそうですが、世の中って、それくらいシンプルにできています。複雑そうに見えたとしても、頭を使っておぼえなくてはならないことはほとんどありません。

ひとつ条件を付け加えるとしたら、ちゃんとお願いするということ。

すぐに願いごとが叶う人というのは、一人で思い悩んでいるだけでなく、ちゃんと宇宙に向かってお願いしているんですね。

こうした願いごとを聞き届けてくれる対象を、私たちは神様と呼んできました。

神様というと、すべての源、創造主のような深い意味合いがあるので、もっと身近に、神様と私たちをつないでくれる天使にお願いするのだと思っていいでしょう。

天使は、あなたが呼べば、必ず応えてくれます。

「お願いします」、ただそれだけで手続きは完了です。心のなかでそう思うだけでも、宇宙の法則は自然に動き出します。

宇宙の法則を感じている人は、天使の存在を信じています。どこまで意識しているかはともかく、天使と友好関係を築いています。だから、自分だけで頑張らず、流れに身をまかせていられます。天使がベストな方向に導いてくれるので、あなたは信じて流れを待っていればいいのです。

サインは必ず現れる

宇宙の法則を信じて待っていると、ふっと何かを思いつくなど、必ずサインが現れます。そのサインにピンと来たら、迷わずに行動に移してみてください。本を買ったり、電話をしたり、どこかへ出かけたり……感じるままに動くといいでしょう

逆に、ピンとこないのであればそれはサインではありません。サインなのかどうかを見分けるには、直感が大切です。

躊躇していつもサインを無視し続けていると、せっかくの幸運の波が去っていきますから、結果的になかなか夢が叶わないことになってしまいます。心を開いて、天使からのサインをつかめるかどうかが、必要な情報をキャッチし、早く夢が叶うかどうかの分かれ目と言えるでしょう。

天使のサインをつかむ感覚がわかってくると、細かいことにあまり思い悩まなくなります。「いままでいろいろなことを難しく考えすぎていたんだな」と感じられるようになり、生き方はシンプルになっていきます。

天使の出すサインに気づく

天使が出すサインについて、もう少し考えてみましょう。

たとえば、テレビでハワイの特集を見て、不意に「ああ、行ってみたいなあ」と思ったとします。思うくらいなら誰にでもありますが、何かずっとひっかかっているような感覚があったら、それはサインでしょう。

気のせいだと思わずに心のなかに留めておくと、本屋さんでハワイの本がパッと目に飛び込んできたり、友人が急にハワイの話題をふってきたり、また違った形でひっかかる体験をすることになります。

そのうち、ただ観光旅行がしたいのでなく、ハワイの自然に触れて癒されたいと感じている自分に気づくかもしれません。

ハッキリとした目的や理由がわからなくても、なにか背中を押されたような気持ちになってきたら、それは決断のタイミングです。自分を信じて行動すると、さまざまな変化が起こり、自分が思い描いていた以上の展開が現れます。

ハワイでリフレッシュすることで、思わぬアイデアが浮かび、突然に仕事をやめたり、住む場所を変えたりすることになるかもしれません。現に私のまわりには、サインに従って人生の転機を迎えた人たちがたくさんいます。

たとえば、ソウルメイトと知り合って結婚した人、ハワイに移住して理想のライフスタイルを実現させた人、会社を設立して経済的にとても豊かになった人……数えれば何百もの人たちが夢を現実に変えています。私の講演会やワークショップでは、そういった方たちの体験談を生で発表していただくことも多いので、実際に話を聞いて刺激を受けた方もいらっしゃるでしょう。

何でもお願いして構わない

そうは言っても、お金がないし、時間も作れないし……。そんな不安が湧いてきたら、天使に向かって「助けて」とお願いしましょう。

助けを求めれば、天使たちは必ず答えてくれると言いましたね。

皆さんが心のなかでブレーキをかけ、遠慮ばかりしているので、この世界はお役目を果たしたくて待ちわびている天使であふれかえっています。

声がかかるのを待っている天使がたくさんいるのですから、あなたが心を開けば、喜んでやってきます。

「どんなお願いごとをしてもいいんですか？」

そう質問されることもありますが、基本はイエスです。唯一注意してほしいのは、人の不幸を願うことだけは絶対に避けるということです。

これが実現したら、楽しいことが起こりそう！　そんな軽い気持ちでいいのです。まわりの人の喜ぶ顔が浮かんだら、なお良しです。

とにかく、大真面目にお願いする癖をつけてください。

どんなにたくさんお願いしたって構いません。副収入がほしいとか、夏に向けて似合う服が欲しいとか、安くて美味しいレストランを見つけたいとか、そんな俗っぽいお願いでも遠慮なくリクエストするといいでしょう。

✿自由に考える癖をつける

仲のいい友達に相談するくらいの気安さで願いごとをする習慣がつくと、思いがけない形で欲しかったものが届くようになります。

こうした相談に慣れていない人は、まず自由に考える癖をつけること。

自分のなかに壁をつくらず、とにかく自由に感じるままに、「あれがしたい、これがしたい」と思い描く時間をつくりましょう。

一日一回、そうした自分の思いと向き合う神聖な時間をつくってみる。５分でいいから、心のなかで自由に遊んでみてください。

「そんなことできるかな」と思ったら、「まあ、天使たちがやってくれるわけだし」と思い、自分の夢を制限するのをやめてみます。

そんなトレーニングを繰り返していると、天使たちがスタンバイしていることに、ふっと気づく時がきます。「素直にお願いしていいんだな」、そう思えるようになったら、あなたの人生は大きく動き出します。

努力しないほうがうまくいく

願いごとを叶えるには、普通は努力が必要だと思われているでしょう。
欲しいものを手に入れるのだから、多少苦労することがあってもしかたがない。あなた自身、そう思ってはいませんか？

努力をすることが必要であるとしたら、それは無理に頑張ることではなく、自然な成り行きのなかで、心を込めて行動することです。

たとえば、あなたがもしハワイで暮らしたいと思ったら、まず生活に必要な英語を身につけなくてはなりませんよね？

自分の気持ちがハッキリしないうちに英語の習得を目的にしてしまうと、学ぶことは苦痛になりますが、ハワイに繰り返し遊びに行っているうちに自然に移住したいと思うようになったのであれば、もっと前向きに学べるでしょう。

それなりに大変なこともあるかと思いますが、それはつらいことではなく、夢を叶えるための行程だと思えるはずです。

願いを叶えるには人一倍の努力が必要、苦労も必要……そこにネガティブなイメージがあるとしたら、見直したほうがいいかもしれません。そういう思いは、自分を縛っている足かせにすぎないことが多いからです。

そもそも、そうやって苦労して何かを手にしようとしても、思うようにいかないことのほうが多くありませんか？

思いを実現させるためのハウツーはたくさん出回っていますが、それで必ずうまくいくという保証はありません。もしうまくいかなければ、「自分には才能がないんだ」「運がないんだ」という思いが湧いてきて、自信だってなくなるでしょう。

それはしかたがない？　そんなことはありません。

なぜなら、**私たちはわざわざ何かを手に入れようとしなくても、初めからすべてを持って生まれてきているからです。**

すでにすべてを持っているのですから、足りないものを補うのではなく、自分のなかにあるものを引き出すことを意識しましょう。

✿私たちはこの宇宙の一部

あなたは「頑張って優れた人にならないと、夢は実現できない」と思っているかもしれませんが、優れていようがいまいが、私たちはこの宇宙の一部です。

すべてが同じ成分から成り立ち、同じエナジーによって生かされているわけですから、生まれた環境や性別によって個性が違っていても、私という存在のなかにも、あなたという存在のなかにも同じように宇宙があり、この世界にあるすべてのものと一つにつながっているのです。

わかりやすく言えば、私たち自身が小宇宙であるということです。

小さな宇宙は大きな宇宙と相似の関係にあります。小さな宇宙のなかには、大きな宇宙のなかにあるものが、そっくり収まっています。

それが一つの事実であるにもかかわらず、私たちは宇宙と自分が分離しているように感じ、自分の外に宇宙があると感じてしまっています。内にあるはずのものを外にあると思っていたら、自分自身はスカスカになってしまい、どこかに満たされない思いが生まれるでしょう。だから、足りないものを手に入れるために、外側にあるもので不足を埋めようとします。

でも、本当はつながっているのですから、外に求める必要はないのです。まず気づかなければならないポイントは、ここにあります。

私自身、16歳でサンフランシスコに留学して以来、海外での生活が長くなり、最終的にハワイに移り住むようになりましたが、移住した当初、知り合いがいたわけでも、働くあてがあったわけでもありません。

その時に私のなかにあったのは、**宇宙の法則に身をゆだねていれば、自分がしたいことは必ず実現する**という思いだけ。小宇宙である私が選んだ今生の故郷が地球という星だから、この星のどこにいても大丈夫だという確信しかありませんでした。

楽天的に思われるかもしれませんが、その思いがあったから、身寄りのない外国で仕事をし、子育てをし、いままでずっと幸せに生きてこられました。

あなたが欲しいものは、必ず手に入るようにプログラミングされています。だから、私たちはもっと自然な流れに身をゆだねていいのです。

うまくいかないこともギフト

生きるということは、すべてが未知のドラマです。

自分の人生がどんなふうにプログラミングされているのか、あらかじめ知ることができなくても、そこに不安を感じることはありません。

私たちはつねに守られているのですから、これから起こることにワクワクしながら、一つ一つの体験を受け入れていけばいいのです。

テレビのドラマでも、始めからあらすじがわかっていたら面白くありませんね。

どんな展開になるのかわからないから、次はどうなるだろうと期待が生まれ、スクリーンのなかの物語に夢中になれるのです。

「そうは言っても、先行きがわからないのはやっぱり心配」

そう感じる人もいるかもしれませんが、だからといって、未来が予測できないことを嘆いても何も生まれません。

たとえ予測ができたとしても、それが正しいかどうかはそのときにならないとわからないのですから、不安がなくなるわけではないでしょう。

ですから、発想そのものを変えてしまいましょう。

この宇宙は、幸せになるために、楽しさや喜びを得るために、存在しているものすべてを活かす方向に働いています。

ですから、あなたの願いは天使たちにちゃんと聞き届けられ、宇宙の法則に従って、パーフェクトなタイミングで実現していきます。

それが信頼できれば、わからなくても不安ではなくなります。テレビドラマと同じように、人生にドキドキ、ワクワクできるようになります。

成長してわかることもある

エナジーの流れは目には見えませんから、思ったことがどんなふうに形になるか、すぐにはわからないかもしれません。

お願いごとをしたのに、少しも実現しないと感じることもあるでしょう。

でも、あなたを生かしてくれている力を信頼しましょう。

うまくいかないと感じることがあっても、その背後には、思わぬギフトがひそんでいるものです。自分なりにその意味が感じられるようになると、「これで大丈夫なんだ」という確信が高まっていきます。

たとえば、好きな人とおつきあいしたいと思って、それを天使にお願いしていたのにふられてしまうことだってあるかもしれません。

もちろん、そうなったらとてもつらく、悲しいですよね。でも、それは天使たちがそっぽを向いていたわけでも、あなたに意地悪したのでもありません。

私たちは目先のことしかわかりませんが、長い目で見た場合、思うようにいかないほうがよかったと思えるようになります。

そう、いまの自分にとって絶対だと思えても、本当はあなたの成長にプラスにならないことかもしれません。一見、思うようにいかないと感じられることであっても、じつはより良い方向に進むように導かれているのです。

思うようにならないことにネガティブになるのではなく、「いや、すべて思い通りになっているんだ」ととらえたほうが気持ちはずっとラクになれます。宇宙の法則に

照らし合わせた場合、それが真実なのです。

うまくいかなかった時、「だから宇宙の法則なんて信じられない」と思うのではなく、逆にそんなときこそ宇宙の法則を信じてみましょう。

「この体験にはきっと意味があるはずだ」と感じられるようになると、目先のことに一喜一憂しなくなり、明るい未来を思って楽天的になれます。

うまくいこうがいくまいが、願いが叶おうが叶うまいが、答えが見つかろうが見つかるまいが、あなたはあなたであり、つねに幸せでいられます。

そうした心の状態、つまり「このままでも大丈夫なんだ！」と思えることが、願いごとがどんどんと叶っていく土台になります。

大事なのは、愛に基づいているかどうか

願いごとを叶えるもう一つの秘訣は、愛を意識することにあります。

何かを決断したとき、不安や恐怖に基づいていたのか？　愛に基づいていたのか？　まず問いかけてみましょう。

大げさに感じてしまうかもしれませんが、私たちは日常のなかで、無意識のうちにこの選択をしています。

たとえば、こうなってくれないと親に怒られるとか、言うこと聞かないと罰せられるとか、世間からはみ出してしまうとか、これらはすべて恐怖に基づいていますから、仮にそれを実行してもあまり楽しくはないでしょう。

そうではなく、**無邪気にワクワクするかどうか？　自然に笑顔になれるかどうか？**「愛に基づいているかなんて難しい」と思わずに、物事を決める時そうした感情を基本にしたら、それだけでハッピーになれますね？　それは間違いなく、愛に基づいて

いるのですから、自然と心の底から愛のエナジーがあふれでてきます。

✿どれだけの人が喜んでくれるか

私たちは、この笑顔をすぐに忘れてしまいます。そして、もしうまくいかなかったら、できなかったら、と考えてしまいます。

でも、心配しないでください。いろいろなことが起こるかもしれないけれど、すべては幸せになるために必要な体験なのです。

ワクワクした気持ちが出てきたら、それを信じて前に進んでみましょう。

心の表面は不安で覆われていたとしても、あなたは心の奥底で幸せになりたいと望んでいます。それが最も本能的なことなのです。

大丈夫です。必ずできます。あなたならきっとやれます。

安心感が生まれ、心のなかに余裕が出てくるまで何度でも自分に言い聞かせながら、自分だけでなく、まわりの人の笑顔も思い浮かべてみましょう。

自分がその行動をすることで、どれだけの人が喜んでくれるか、その思いが強くなればなるほど、愛のエナジーは高まります。

「でも、家族やまわりの人の喜ぶことが、自分にとってはつらいことだった場合には どうしたらいいの？」という疑問が出てくる人がいるかもしれません。そんな時には、どちらを選んだほうが自分が笑顔でいられるかを優先しましょう。

いきなり大きなことを考える必要はありません。少しずつでいいのです。

いま起こっていることにどんな意味があるのか？ これからどう展開していくのか？ 自分の小さな頭で考えてもわからないことはたくさんありますから、なるべくシンプルにとらえるようにするのです。

いまの思いや行動が愛に基づいているかどうか、ただそれさえ問いかけていれば、最初に思い描いた形は徐々に変化し、必要な方向へ導かれます。

ですから、行動のきっかけは、「それをやったら儲かりそう」でも、「肩書きが得られるから」でもいいのです。自分が笑顔になれることなら、目標や動機がどんなものであれ、それがあるからやる気が生まれ、希望が生まれ、前に進んでいける。そんなふうにあなたは幸せな方向に導いてもらっているのです。

幸せになるために生まれてきた

将来についてあれこれ考えなくても、少しずつ成長するに従って、その人に必要なことが最も必要な状態でやってきます。

その過程で、いいこともあればいやなこともあります。「悪いことなんてなくなればいい」と思うかもしれませんが、すべてはバランスです。

愛しかないと言っているのに、なぜつらい思いをしないとならないの？　いやなことをしないとならないの？　そんなふうに思う人もいるかもしれませんが、それも含めてバランスなのです。

ここは大事なポイントなので、誤解がないようにお伝えしましょう。

普通、バランスというと、いいこととわるいこと、幸福と不幸が50対50の割合で拮抗している状態を思い浮かべますね？

でも、じつはそうではないのです。**この宇宙の本質は愛が百パーセントなんですね。**

私が言うバランスは、この百パーセントの愛を前提にしたものです。

たとえば、光をイメージしてみてください。この世界に光しかなかったら、光を光と感じることもできません。そのために闇も存在しているのです。

すべての本質は光であり、愛なのですが、それを知るためにはそうでないものが必要になります。愛ではない体験をすることは、とても苦しいことかもしれませんが、それで愛の大切さが初めてわかるわけですね。

罰を受けているわけでも、間違ったことをしたからでもなく、もっとすばらしいものがあることを知るために味わっているのです。

だとしたら、いやなことやつらいことの意味も変わってくると思いませんか？

私が皆さんと共有したいのは、こうした**すべてを肯定する視点**です。

自分という存在を支えている根本のところに、深い愛があることがわかっているからこそ、心の底から「大丈夫」って言えるのです。何があっても大丈夫、そんな優しい気持ちになれるのです。

私たちは幸せになるために生まれてきました。そのなかで、幸せを知るためのバランス作用として、時には不幸せだと感じる経験もしているわけですね。

それ自体、裏も表もない、とてもシンプルなことです。

いま、あまり楽しくなかったとしても、好きなことができていなかったとしても、焦らずに、希望を持ってすごしましょう。

さまざまな体験をしながら、あなたの魂は、一歩一歩、求めている世界に進んでいます。それがうまく感じられないときは、**「宇宙の本質は愛が百パーセントである」**ということを思い出しましょう。

それを前提にしたら、ものの見方は大きく変わり、何があっても乗り越えられるようになります。

✿自分を縛るものは何もない

バランスが大事といっても、不幸や不安がずっと存在し続けるわけではありません。

だって、幸せがどういうものかハッキリわかれば、もう不幸なんて体験しなくてもいいことになります。

幸せと不幸が50対50ではなく、自分の思い次第で幸せのほうを60、70、80……と、

限りなく百パーセントに近づけていくことができるのです。

人生のすべてが楽しいこと、人生のすべてが幸せだったとしても、だからバランスが偏っているということにはなりません。

もっと言えば、体験しているすべての事柄は良いことで、それを自分がどう感じるかだけが問題なのです。

そのことがいまよくわからなかったとしても、「本当は自分を縛っているものなんて何もないんだ」と思えば、気持ちが明るくなりませんか？「何となくいいことが起こりそう」という思いが湧いてきたら、それがＯＫのサインです。

まず、その気持ちを大事にしながら、前に進んでいきましょう。

自分の使命に目覚める時

一つのことを信じて続けていくと、ある時ふっと、「自分はこんなことを求めていたのか」「こんなものが欲しかったのか」「これがわかるために生きていたのか」……そんなふうに感じる時がやってきます。

こうした人生の旅の過程で、私たちは自分の使命に目覚めます。「私はこの仕事を通じて、この活動を通じて、人が光輝く存在であることを伝えているんだ」と気づくわけです。

そうした自覚を持った人は、**ライトワーカー**とも呼ばれています。

ライトワーカーと言っても、あまり特別なものをイメージせず、日常のなかで優しい笑顔を振りまける人、つらい思いをしている人を励ませる人、一緒にいるだけで気持ちが和む人は、すべてライトワーカーと言えるでしょう。

大事なのは、すべてを肯定する視線だとお話ししました。

生きることは愛を知るための経験だとわかれば、ひどいことをされたとしても、人を許す気持ちが湧いてきます。すぐには許せないことがあったとしても、そこにとらわれていても仕方ない、自分は自分で前に進もうという思いになっていきます。

どんな人も、魂は愛の光に満たされているんだ。それを知るために、この人はいまこういう体験しているんだ……そんなふうにほんの少し思えただけで、あなたには愛のエナジーが充填され、美しい光に包まれはじめます。

あなたはもっと優しい人になれます。あなた自身、光に包まれて生きているのですから、本当はとても優しい存在なのです。

愛なんて信じられなくても

すべてを肯定する視線は、人に対してだけ向けられるものではありません。自分自身に対しても愛を持って肯定することが必要です。

なぜあんなことをしたのだろう？　あんな態度しかとれなかったのだろう？　そんな嫌悪感が湧いてきたら、その時こそ自分のなかのエナジーを感じましょう。

喜怒哀楽の感情もまた、あなたに必要なエナジーです。そのなかに欲だったり、憎しみだったり、怒りだったり、さまざまな不純物が混じってしまうこともあります。大事なものをつかんだ時、そうしたエゴイスティックなものがどう変わっていくかはその人次第です。欲だけのところからずっと抜けられない場合もありますが、天使はつねにサインを出しています。

胸がざわざわしたり、何となく心が淋しくなったりしたら、それは「進む方向を見直してごらん」という天使のサインです。

そのサインの意味を問いながら少しずつ前に進んでいけば、どこかで感情の渦からスーッと抜け出せるときがやってきます。

あなた自身は、愛のエナジーでつねに包まれているのです。ネガティブな感情に支配されていたとしても、それは変わりません。

いまとても信じられなくても、うまく理解ができなくても、前を向いて進んでいれば、ある時ふっとわかる瞬間が来るでしょう。**自分は愛の存在だと気づいた時、苦しんだことが逆に強みに変わります。**ライトワーカーの発するメッセージは、体験を通じより強く、より優しくなりながら、愛に基づきつくられていくのです。

「神様チャンネル」につながる

感情との向き合い方について、もう少しお話ししてみましょう。

日常のなかでつい感情的になってしまい、ミスをしたり、人を傷つけてしまったりすることは決して珍しいことではありません。

感情が乱れるとネガティブな思いがふくらんで、あなたは自分のエナジーがどんどんと消耗されていくように感じるでしょう。実際、こうした気持ちを何日も引きずってしまうのは、決して心地よいことではありません。

感情が乱れたら、まず自分の心が楽になることを考えましょう。相手のためではなく、自分のために愛を使ってみるのです。

たとえば、誰かを許せない気持ちが湧いてきたら、自分が悪くなかったとしても、いやな感情がたくさん出てきて、自分自身が苦しくなりますね？　心のなかでは「あの人が悪いんだからしかたない」と思っているかもしれませんが、自分がそれで楽になるわけではありません。むしろ、思い出すたびに全身に毒薬がまわったみたいにつらくなるでしょう。

「相手を許す」というととても難しいことのように感じるかもしれませんが、自分が楽になるために、心を乱している感情を思い切って手放すのです。

難しい？　でも、ほんの少し肩の力を抜き、そういう発想を持ってみるだけでも、心のなかに余裕が出てきます。それが手放しの第一歩です。

なぜいやな感情がなくならないんだろう？　そんな思いが湧いてきたら、それを掘り下げて考えるのではなく、この世界に愛のエナジーが満ちていること、ただそれを意識するようにしましょう。

あなたがいやな感情に支配されていたとしても、この世界から愛がなくなってしまったわけではありません。愛はそこにあるのです。

感情的になっていると、相手の言葉にも耳を傾けられなくなりますね？

それは、この宇宙にチャンネルがたくさんあることを忘れてしまって、ずっと同じ番組ばかりを見ているような状態です。つらいなあと思ったら、別のチャンネルがあることを意識してみてください。

そのなかには、宇宙の法則につながった特別なチャンネルがあります。

ここでは**「神様チャンネル」**と呼ぶことにしましょう。神様チャンネルは、あなたを幸福にする愛のエナジーであふれています。

いまはいやな番組を見ているとしても、そうした素晴らしいチャンネルがあることを心のどこかで信じましょう。

チャンネルの変え方がわからなくても、大丈夫。

「いまの感情が絶対ではない」と思うだけでも、いつか自然につながり、心に愛が満たされるときは必ずやってきます。

感情的になって我を忘れてしまっても、愛のエナジーは何もなくなっていません。

ただ、ちょっと忘れてしまったため、忘れたらどんなふうな気持ちになるか、体験していただけなのです。

感情に支配されていると宇宙のエナジーが遮断され、一人になってしまったような気分になりますが、本当は一人ではありません。感情という雲の向こうに広がっている、太陽の存在を感じましょう。

「この瞬間」に心を込めてみる

人生の目標がわからなくても、何も問題はありません。

わかっている人がいたとしても、それはほんのひと握り。過去にやってきたことが大きな成功につながったり、人生のなかの充実感につながったりしたときに、初めて「これだ！」というものがわかりますが、そこに行き着くまでは何もわからないのが普通です。だから、悩む必要はありません。

私たちは未来を予言したり、予測したりすることを目標として生きているわけではなく、この瞬間のなかで生きています。

必ず導かれますから、先のことなんて何も見えなくてもいいのです。

未来のイメージを追い求めるあまり、目標を達成することだけが人生になってしまうと、たとえ目標が達成できてもあまり幸せな気持ちにはなれないでしょう。

なんだかわからないけど、どこに進むのかわからないけど、でも、いまこの瞬間、

与えられたことを心を込めてやってみよう。そんな感じで生きるほうが、あなたが望む方向にスムーズに導かれていきます。

特定の夢や目標があるという人も、いま何かに打ち込めればいい。たどり着く先に待っているのが幸せだと思っている人もいるかもしれませんが、人生の夢は遠いどこかにあるものではありません。

いま現在、心を集中させながらつくっていくものです。そうやって自らがつねに変化させていくことのできるものなのです。

1年前の希望と1年後の希望が違ってきたとしても、何も問題はありません。何だかわからない状態で歩んでいくのが自然であって、それで大丈夫なことは後からわかってきます。それを信じ、とにかくいまに集中していくのです。

好きになれない仕事でも

たとえば、いまの仕事がどうしても好きになれないと、あなたは思っているかもしれません。頑張って続ける意味のあることなのか？　疑問を持ちながら働いている人もいるでしょう。

たとえそうであっても、大事なのはこの瞬間です。この瞬間があって未来があるのですから、一生懸命にやったほうが変化は現れます。

ここでも思い出してほしいのは、バランスです。

あまり好きでない仕事であったとしても、その仕事をしているおかげで家賃が払える、住む場所が確保できる、好きなものが食べられ、好きなところに行けているかもしれないのですから、それはそれで意味のあることだと認めましょう。

無理に好きになる必要はないですが、**多少いやでも仕方ないな、好きじゃないけれど頑張ってみるか、そのなかで楽しいことを探してみるか。そうやって自分を楽にしてあげましょう。**

いまのできるかぎりで構いません、この瞬間に打ち込める態勢をつくる。そうするともっとエナジーが出せるようになり、現実も変わっていきます。

いやなことから卒業するタイミング

理想を持つことは大事ですが、それはこの瞬間という土台があって成り立ちます。

いまの状況をいやだと思うことが別の方向に進む強い動機になる場合もありますが、いまよりももっと好きな仕事、楽しんで打ち込めるものに出会うには、いまやっていることへの嫌悪感をまず減らす必要があります。

いやなことはいや？　我慢できない？

でも、いまやっていることを憎んだり、いやがったりする気持ちがなくなったとき、次のチャンスが思いがけない形でやってくるのです。

百パーセント好きにはなれないけれど、でも、そういう環境でも頑張ってやっていける。そう、自分にはそれだけの力があるんだって、自分がいまやっていることを肯定してあげるのです。

逆に文句ばかり言って、いやだ、いやだと続けていると、新しいチャンスはなかなかやってきません。

なぜなら、いやなことをどういうふうに減らし、どうやって自分を楽にしてあげられるか？　この与えられた瞬間をどう感謝に変えていくか？　それもまたエナジーを活用するために、私たちが学んでいくべきことだからです。

そうやって、好きではないことのなかに感謝できる小さな部分を見つけ、いやなことをしている自分を受け入れていく。

こんなつまらない仕事をしている自分はダメだと思わず、やりたいことを見つけることなんて無理だと思わず、それをポジティブな体験として受け入れられたときが、その場所から卒業するタイミングになります。

自分の可能性に感謝する

とはいえ、与えられたものに対して感謝する、受け入れるといっても、自分が好きでもないことを無理に好きになりなさいということではありません。

たとえば、いまの自分は給料が安くて狭くて、日当たりの悪いアパートにしか住めていない、本当は不満だけど、それに感謝して生きていこう……。

そんなふうに言い聞かせているとしたら、それは違います。

与えられたものに感謝するということは、自分には狭いアパートが身分相応なんだからと思うことではありません。**自分自身のなかには、何でも叶えることができる無限の可能性が眠っていることに気づき、それに感謝すること**を言うのです。

いまは狭いアパートに住んでいて、いやな仕事をしかたなくしていたとしても、あなたのなかにはそれを変える力が宿っています。

いまは信じられなくても、あなたが本当にほしいと思うのであれば、何でも手にするだけの力を持っているのです。想像できないような大きな成功を収める可能性だって、じつはあるのです。

✿何もなくても希望はある

自分に与えられたものというのは、そういう無限の力、可能性を指しています。それを信じたうえで、いま与えられているものにも感謝するのです。

「このコップにはこれだけしか水が入っていない。これがなくなったらのどが渇いて死んでしまう」

そうやって目に見える現実だけで物事を判断する必要はありません。なぜなら、**意識の世界では、なくなった水はいくらでも継ぎ足していけるのですから。**

だからこそ、可能性は無限だと言われているのです。目の前のコップを見て、水が少ししか入っていないことに嘆いてばかりいたら、意識もそこに縛られ、自由な発想ができなくなってしまいます。

コップの水が少なくても（たとえばお金がなくても、時間がなくても、信頼できる人がいなくても……）、あなたは自由に感じていいのです。希望を持っていいのです。それが可能性を信じるということです。そうした目には見えない可能性に感謝することで、自分自身の道が開かれていきます。

それに気づくと、自分には予期できなかった形でコップの水はいっぱいになります。そして、それがまたなくなってきても、必ず継ぎ足されます。

自分のために愛を使ってみる

いやなことがあっても、つらいことがあっても、すべてはバランスです。「そういう日もあるよね」と気楽に構えていると、やがていいこともやってきます。ワクワクできることも増えてきます。

冬もあるけれども、やがて春になるし、夏も来る。暑い日もあれば、寒い日もある。**「つらいのはいやだけれどそれがバランスだよね」**と思って、ものごとがたえず変化することを信じ、いまに感謝する。それができたとき、もっと自分自身を高めてくれる、楽しませてくれるものが与えられるようになります。

たとえば、あなたの会社にいやなことをする人がいたとします。

普通であれば、「いやな人と関わらないですむにはどうしたらいいか？」と考えるかもしれませんが、そんな人に限って、毎日顔を合わせる上司であったり、取引先の大事なお客様だったりするかもしれません。

いやな人とむやみに関わる必要はありませんが、避けられないのであれば思い切って発想を転換してみましょう。「その人にどうやって愛を与えてあげられるか？」を問うてみるのです。

それは、あなたの現実を変えるマジックになります。

愛のバリアーで自分を守る

「いやな人に愛なんか与えたくない」とは思わず、あくまで自分のため。**自分のことを守ってあげるために、自分からは愛だけを放出して、まわりを愛のバリアーで包んでしまうのです。**

愛のエナジーで自分を守っていれば、そうしたいやな波動が自分のなかに入ってくることはありません。だから、いやな思いをしないで済む。自分自身が楽になる。そして、心に余裕が生まれてくる。

いやな人であってもにこやかに挨拶して、笑顔でおはようと言えれば、その言葉のエナジーが自分を守ってくれます。

拒絶感で体じゅうをブロックしていたのを、少しだけゆるめ、相手の話に耳を傾けてみると、自分自身が楽になってきます。

「思ったより平気じゃん」って思えたら、愛で守られている証拠です。

その人のためを思って優しくしようとしても無理が出てきますが、自分のためであれば意味も違ってくるでしょう？

結果として、いやな人の態度だって変わってくるかもしれません。そうなったら、あなた自身の自信につながるはずです。

✿相手を罰する必要はない

自分が何を望んでいるのか？　それがはっきりわからないうちでも、目の前のことに心を込めて、愛を込めて取り組んでいきましょう。

迷ったときは、それを頭で何とかしようと考えない。

すべてを宇宙にゆだねる。自然にゆだねる。天使たちにゆだねる。心配事があっても「何とかなるよ」「必ず道が見つかるよ」と自分に話しかけ、この世界を包み込んでいる大きな愛のエナジーにすべてを任せてしまう。

自分の意識ひとつで、いやな人がいやでなくなる、それほど気にならなくなるというのは、とてもすばらしいことです。

それは、愛のエナジーによってなされるミラクルのひとつです。

仮に相手にとてもひどいことをされたとしても、それはその人に必ず返ってきます。宇宙の法則は、その人がやったことを必ずその人に戻してきます。だから、あなたがわざわざ相手を罰する必要はありません。

そんなところから離れ、まず自分の幸せを考える。愛のエナジーをただ感じるようにして、自分自身を満たしていく。

相手のことが気になったとしても、そこには首を突っ込まず、エナジーを上げることだけを意識していきましょう。そうすればまわりの環境も変化していき、新しいチャンスがめぐってきます。

ハワイアン・チャントで宇宙につながる

ハワイでは、自ら浄化し、エナジーを高めるための言葉として、古くからチャントが唱えられてきました。

チャントというのは詠唱のことで、日本の神道の祝詞《のりと》、仏教のお経などもチャントの一つです。ハワイのチャントのなかにはとても長いものもありますが、シンプルな短いもので大丈夫です。

これから新しいことにチャレンジするので、もっとエナジーがほしい！　そう感じたとき、次の言葉を唱えてみてください。

Mahalo Nuiloa Ke Akua　（マハロ・ヌイロア・ケ・アクア）

マハロは「ありがとう」、ヌイロアは「たくさん」、ケ・アクアは「神々」を意味しますから、「この世を守ってくれるすべての存在に感謝を捧げます」という訳になります。

「神様チャンネルを合わせれば愛のエナジーは瞬時に手に入る」とお話ししてきましたが、このチャントはそのためのおまじないと考えてください。

ただ素直にチャントを唱える

エナジーの世界につながることが目的ですから、ハワイアン・チャントのほかに純粋な気持ちになれる祈りの言葉があるのなら、その言葉でも構いません。

古くから言われてきたように、言葉には強い力が宿っています。

ですから、エナジーのあふれる言葉を唱えれば、それだけであなた自身のなかにエナジーが流れはじめ、希望が湧いてきます。

祈りを唱えたとたん、あなたはすぐに神聖な存在となって、外の世界がどれほど汚れていようが、相手が悪かろうが、それに対して気持ちがざわめかず、影響を受けない状態がつくれるようになります。

私が主催するロミロミ・セミナーでは、生徒さんたちが施術の前後にチャントを唱えられるように指導しています。チャントは日常のモードから離れ、神聖なエナジーの世界につながるためのとても重要なツールだからです。

「なぜそんなふうになれるのか?」とか、「それは本当なのか?」とか、あなたのなかに疑問が湧いてくるかもしれません。

でも、そういう思いがエナジーをブロックし、あなた自身の感じる力を衰えさせてきた原因かもしれません。だとしたら、心に湧いてくる疑問はいったん脇に置き、素直な気持ちでチャントを唱えてみましょう。

これは、瞑想をする場合にもあてはまります。

「瞑想しようとしても雑念がたくさん入ってきて、なかなか集中することができない」

「雑念をクリアーにしようと思えば思うほど、いろいろと変なことを考えたり、不安な思いが増幅されてしまったりする」

そんなふうに感じる人は多いかもしれませんが、人は思いを持っているのだから、雑念が湧いてくるのも当たり前のこと。

✿祈るだけでエナジーはたまる

でも、ふっと青空がきれいだと思ったり、海がキラキラ輝いていると感じたりした瞬間、そのほんの瞬間だけでも、日常のいやなこと、許せないと思っていることを忘れることはあるでしょう。

無我の境地になって悟りを開き、大自然と一つにつながる……なんて大げさなことは言いません。ふっと美しいものに心が奪われ、その瞬間、心が透明になるような体験を、誰もがしているはずです。

たとえほんのわずかでも、チャントを唱え、つながる時間を増やしていくと、あなたのなかにエナジーはどんどんとたまっていきます。ただ唱えているだけで、願いごとが叶いやすい体質に変わっていきますから、ほしいほしいと思っていなくても、ほしいものが手に入るようになります。

そこに、願いごとを叶えていく大事なヒントが隠されているのです。

レイアの エナジー法則 *1*

1. 宇宙の法則に身をゆだねれば、望んでいるものは向こうからやってきます。

2. 背中を押されるような気持ちになったら、それは決断のタイミング。

3. この宇宙は、すべての人が幸せになる方向に働いています。

4. 行動するとき、「愛に基づいているか？」をまず問いかけてみましょう。

5. 胸がざわざわしたら、「進む方向を見直してごらん」という天使のサイン。

6. 大事なのは自分を楽にしてあげること。まず自分のために愛を使ってみましょう。

第2章

自分を愛すること、認めること

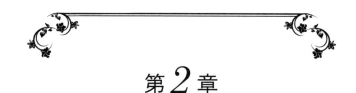

心配ごとを減らしてみませんか?

前章で宇宙の法則についてお話ししてきましたが、愛のエナジーをキャッチするために、もう一つ大事なことがあります。

そのキーワードは、**心配ごとをいかに減らしていくか**ということ。

私たちは、心配ばかりして生きています。心配することでエナジーを消耗し、宇宙との回路を閉ざしていると言ってもいいかもしれません。

洗濯物が雨で濡れてしまうことを心配するくらいなら構いませんが、しなくてもいい心配をずいぶんしていますよね? 心配の量をもう少し減らしたほうが、もっと楽に生きられると思いませんか?

心配することがあるから、心配になるのではありません。私たちは心配のマジックにかかっていて、ただむやみに心配しているのです。

こうした心配の種は、まだ起こっていない未来の出来事の結果を考えるところから出てきます。未来はどうにでも変えられるのに、勝手にネガティブな思いを作って心配してしまうという思い込みが癖になっているのです。

人と比べるのをやめましょう

それからもう一つ、人と比べることで不安が生まれることも心配の種となります。比べることでコンプレックスを持ったり、不安になったりすることが多いのだとしたら、自分の心のパターンを見直してみましょう。

比べて不安になる理由は、「どのくらい持っているか？」を基準にしているからです。お金もそう、着ているものも、住んでいる家もそう。

何をどのくらい持っているか？　そのボリュームによって自分自身の幸せのレベルを測っているところがありませんか？

もちろん、現実問題としては、今日ご飯を食べるお金もない、寝る家もないというのでは、なかなか「幸せです」とは言えません。

ですから、こうした価値基準を否定する必要はないのですが、そこにばかり自分の思いが集まってしまったらどうでしょう？

思いが集まるということは、それが絶対のように思えてしまうこと。そうすると大事なものが見失われてしまいます。

その大事なものとは、**「それが自分に必要なのか？」**ということです。

どうしてお金が必要なのか？　どうしてきれいな服が必要なのか？　どうして住み心地がいい家が必要なのか？

それは、自分自身が安らかで満ち足りた状態になりたいから。喜びや心地よさを感じたいからですよね？

だとしたら、まず問わないといけないのは、自分自身の心地よさや満足感であると言えるはずです。

自分が何に喜びを感じるか？

私がこれまでたとえどんなことが起こっても楽しく生きてこられたのは、他人の喜びや心地よさのなかに自分の幸せを感じていたからです。

「これを手に入れたら心地が良い」「これを続けていることで満足感が得られる」という気持ちを大事にしていれば、人との比較は生まれません。まわりの人と比べて足りないとか、劣っているという思いはなくなっていきますから、狭い家に住んでいても、収入が少なくても、肩書きがなくても、あまり気にならなくなります。

もっと広い家に住みたいと思っていたとしても、それは見栄や世間体のためでなく、「そのほうが心地よさそう」と感じるからでしょう。

そうした心地よさを大事にできる人には、幸福のエナジーが集まってきます。だから、それだけで楽しく、運も自然と開けていきます。

価値基準を求めるとしたら、その中心にあるのはあくまでも自分。「自分が何に喜びを感じるか？」……そこに、あなたが戻るべき場所があります。

「どのくらい持っているか」を基準にすると、この場所が見失われます。だから、どうしても不安になってしまうのです。

何も持っていないのに満たされている？

「どれくらい持っているか？」に価値基準を置くと、持っていないことが悪いことのように思えてきます。私たちはこの社会で生きていくなかで、いつの間にかそういう価値観を植えつけられてきました。

だから、所有していないと何かが足りないような不安な気持ちになってしまう。逆に、人より持っているだけで満足してしまう。

でも、私たちは生まれたときも裸で、亡くなるときも裸ですね。じつは持っていない状態のほうが、本当のすがたなのです。

生まれたときも死ぬときも裸であるということは、必要なものはすべて持って生まれてきているということです。

ここが、いちばん大事なところです。裸の自分を何も持っていない、何か不安定な存在のようにイメージしていませんか？

✿身につけたものは絶対ではない

ハワイに伝わるフナの教えでは、「私たちにはすべてが与えられている」と言います。服を着ていることや、お金を持っていることは、自分の魂を磨くための単なるツールでしかありません。

仕事ができるかどうかも、異性にもてるかどうかも、人生を経験するためにあとからついてくるものですから、ここでの基準にはなりません。

肩書きもキャリアも収入も、仮のもの。信頼できる仲間がいるか、恋人がいるか、家族といい関係が築けているか……これらも絶えず変化するものであって、絶対的ではありません。

生まれながらにすべてが与えられているという点では、誰もが平等なのです。だから天使は、願いごとさえすれば、誰にだって応えてくれます。

にもかかわらず、この世で生きていくために、いつの間にかいろいろなものがついてきて、もっとたくさん必要だと思うようになったら、それが苦しみの種となってしまいます。

誰かと比べて、一喜一憂して……そうした生き方につらさを感じたら、何も持っていない、無垢な自分を想像してみましょう。

生まれる前から持っていた美しい魂以外は、すべて仮のもの。

にもかかわらず、身につけたものの価値がすべてのように思い、それだけを大切なものとして生きてきたら、つらくなってしまうのは当然です。

裸の自分こそが本当の自分、あなた自身です。

まず気づいてほしいのはその点です。どれだけ持っているかよりも、もともと持っているものに気づいてほしいのです。

私たちはこの、もともと持っているもの、自分の内側にある命の輝き、エナジーを少しずつ磨きながら生きています。

内なるエナジーを発揮して、幸せを手にしていくには、外側にある価値基準からいったん離れ、素に戻ってみる必要があります。あなたを生かし、輝かせている源は、こうした無垢な場所にあるのです。

内側に眠っている力を最大限に引き出す

「すべてを持って生まれてきた」と気づくことは、あなたがこの世界で自信を持って生きていく、とても大事なポイントになります。

内側の力に気づいていくと、自分の可能性が信じられるようになり、自分の未来に希望が湧いてきます。

私たちは、成長するなかでたくさんのことを身につけていくため、この「自分がすべて持っている」ことを忘れていってしまいます。

いろいろと身につけていったとしても、逆につねに何かが足りないと感じてしまう。そればかりか、足りないからもっと欲しい、たくさん欲しいというふうに思ってしまう。自分の内側に目を向けるようになると、そんなふうにして不安が生まれていくことが、だんだんわかってきます。

もしいまわからなかったとしても、たくさんのものを持ったのに、心からしあわせを感じないということに気づくと、自然にわかるときが来ます。

あなたのなかにそうした準備ができたとき、様々なサインが現れ、不安な生き方から抜け出すための体験が始まります。

✿魂の旅の準備が整う時

魂の旅の準備が整ったことを知らせるサインは、多くの場合、自分自身への問いかけという形で現れます。

たとえば、「なぜ自分は生まれてきたんだろう?」「生きることにどんな目的があるんだろう?」「自分はなぜここにいるんだろう?」……そんな疑問が湧いてきたら、それが旅のサインであると感じてください。

もしかしたら、いままでやってきたことが報われず、「この先、どうしたらいいかな……」と途方に暮れている時かもしれません。

でも、心配しないでください。そうした疑問が心に湧いてきた時こそが、私たちがもともと持っていたものに気づき、内側にあるエナジーを引き出していくための、最初の準備が整ったタイミングだからです。

いままで身につけ、手に入れたものが色あせたように感じた時、あなたのなかには「変わりたい」という強い向上心が生まれています。不安はあるかもしれませんが、それは新しい一歩でもあります。

そんなときは、心を開いてまわりを見てみましょう。

疑問の答えになるような気づきが、さまざまな形で与えられるようになります。内側にあるものが表に出てくるだけですから、逆らわずにいれば、必要な情報はどんどんと手に入ってきます。

こうした魂の旅の進み方は一人一人違ってきますから、「大丈夫だ」と思えるまでに時間はかかるかもしれません。もやもやした気持ちがなくならないからといって、自分はダメだと思ったりすることはありません。

あなたが心のなかで求めているものを、天使たちはみんな知っています。

あなたはいつも守られています。決して一人ではありません。だから、自分を信じてゆっくりと進んでいきましょう。

自然のなかで過ごす本当の理由

神様チャンネルとつながり、愛のエナジーであなたを満たす方法として、前章でチャントを唱えることをおすすめしました

チャントを唱えることでも、私たちの内側にある世界とつながることができますが、ほかにもとっておきの方法があります。

難しいことではありません、**ただ自然に目を向ければいい**のです。

そこには空があって、海があって、山があって……それは地球が私たちに与えてくれるエナジーの源ですが、それ以上に大事なのは、「あなたが本当に必要なものに気づくきっかけを与えてくれる場」であるという点です。

なぜなら、私たちは自然のなかから生まれ出た一つの尊い命なのです。

ですから、自然に触れながら、難しいこと考えずにただボーッとする時間をつくるだけでも、深い気づきが得られます。

✿内側の世界とつながる時間をつくる

ボーッとする時間をちゃんとつくれていますか？　何も考えない時間は、宇宙とつながるための大事なひと時です。

エナジーを吸収するために海や山に行くことがおすすめですが、忙しくて時間のとれない時は、近くの公園でもいいのです。

緑の多い場所で日頃の疲れを癒し、リフレッシュするのは素晴らしいことです。**大事なのは自然を感じてつながること**。忙しくてずっとお留守になっていた内側の世界とつながり、忘れたものを思い出させてくれる、それはとても大切な瞬間です。

何気ないことのように思えるかもしれませんが、自然のなかでボーッとすることは瞑想をしている状態と大きく変わりありません。

座禅を組んで集中することで瞑想状態になることもできるでしょう。でも、もっとシンプルに自然のなかに身を置き、そこにいる自分を感じるだけでもいいのです。それだけで十分に、本来の自分に目覚めることはできます。

✿何もないところに身を置いてみる

自分が劣っているとか、ダメだとか、うまくいっていないとか、そんな思い込みはすべて捨てて、そのままの自然に身を置くことで、他の人と比べていた自分に気づくことができます。そうやって人と比べている自分から離れたとき、内面に宿っている無限の可能性が見えてきます。

自然の美しさに接したら、誰もが息を呑み、声を失うでしょう。それと同じくらいのすさまじいエナジーが、あなたの内面にひそんでいるのです。

お化粧をしたり、きれいな服を着たり、見かけを整えて満足することも楽しみの一つかもしれませんが、**自分のなかに豊かなエナジーが感じられ、何もなくても幸せでいられたら、外側にあるものをもっと自分のために活かせるようになります。**自分を輝かせるため、必要なものを選べるようになっていきます。

自然に触れる機会がなかなかつくれなかったとしても、そうした自然の豊かさを思い浮かべ、それと同じものが自分の内側に眠っていることに気づくだけで、あなたの意識は大きく変わっていきます。

神様のチャンネルにつながる呼吸法

もう一つ、フナの教えで大切なのが、呼吸を意識するということです。**この呼吸のなかに、すべての答えがあります。**生きることと深くつながった呼吸に意識を向けることが、私たちが神聖な世界とつながっていることを気づかせてくれる大事なカギになるからです。

信じること、祈ること、そして呼吸をすること。

そうした何気ないもののなかに、私たちを生かしている大事なエッセンスが宿っていること、それがエナジーを湧き上がらせる強い力になることを信じてみましょう。

そして、何事に対しても感謝の気持ちを捧げてください。

「ありがとう」と感謝することは祈りにつながります。チャントを心のなかで唱えことも祈りです。

そうした**感謝の祈りのなかに呼吸を重ねましょう。それは、平凡に思える日常のな**

かで、あなたを静かに奮い立たせてくれる一つの儀式にもなります。

呼吸という誰でも行っている当たり前のことを通して、誰もが神聖な世界につながる機会が与えられているのです。

✿ネガティブな感情を一掃する

それでは、神様チャンネルにつながるためのフナの呼吸法を練習してみましょう。

まず、自分の呼吸を意識します。ゆっくりと数をかぞえながら吸う息を、そして吐く息を意識します。

しばらく続けたら、口から息を吐く時に、自分の内側にこびりついていたネガティブな感情が真っ黒な煙となって外側の世界に出ていくのを感じるようにします。

横隔膜が小さく縮んでいくさまを意識しながら、吐いて、吐いて、もうこれ以上吐けないというところまで吐き切りましょう。

そして、吐き切ったらゆっくりと息を吸いはじめます。

その時は、体じゅうに酸素が送り込まれるのを意識しながら、きらきらとした美しい光が吸い込まれていくのを感じます。

肺がいっぱいに膨らんで横隔膜が大きく広がり、もうこれ以上吸うことができないという状態になるまで吸い込みましょう。

肺がいっぱいになると、きらきらした光は体じゅうにあふれ出します。体じゅうに光が流れてゆく感覚を感じたら、ゆっくりといらないものを吐き出し、再びゆっくりと肺いっぱいに美しい光を吸い込みます。

こうした呼吸を何度か繰り返しながら、黒い煙のようだった吐く息の色が少しずつ薄くなり、だんだん透明になってゆくのを感じましょう。

体がどんどん軽くなって、吐く息も吸う息もきらきらした光に変わってきたら、普通の楽な呼吸に戻します。

その状態で祈りの言葉を唱えましょう。すると、呼吸と祈りが調和しはじめ、自分のエナジーを高め、神聖な世界につないでくれます。

祈りながら、自分自身が愛に満たされることを感じましょう。

神様チャンネルにつながることだけを意識して、祈りの言葉に集中したらあとはもう何も問わない……それが無になるということです。

「過去の自分」を比較の対象にしましょう

比較することで不安が生まれるという話をしてきましたが、私たちはどうしても他人と自分を比べ、そこに優劣を感じてしまいます。

フナの教えでは、そんなときには過去の自分と比べることを説いています。自分の外側にあるものと比べるのではなく、たとえば、「10年前の自分はそんなことは考えたかな？」とか、「あのときは人にいやなことばかりしていたけれど、最近はそうしなくなったな」とか……。

過去の自分を振り返りながら、「自分はどれだけ成長しているだろうか？」「少しは良くなっているだろうか？」と問うてみるのです。

もちろん、とても成長しているとは感じられないこともあるでしょう。

「以前は人に優しく接することができたのに、いまはそんな気持ちになれないな」「あの時はずっと笑顔だったのに、最近はあまり笑っていないな」といったことを感じたとしたら、それは軌道修正するための一つのサインになります。

決してネガティブに受け止める必要はありません。

一年前の自分よりも輝いている、一ヶ月前の自分よりも幸せを感じている、一週間前の自分よりももっと安らぎを感じている……。

そういう自分でいられるようにするために、自分を認め、いま何ができるかを考え直してみるのです。

うまくいっていない時こそチャンス

そう、そういう時こそ自然のなかに出たり、ゆっくり呼吸をしたり……神様チャンネルとつながる時間をつくりましょう。

いまの自分が輝いていないからといって、心を閉ざしてばかりいたら天使も力を貸すことができません。

あなたはそんなものじゃないはずよ。もっとずっと力が出せるはずよ。応援するから、ちょっとだけ前を向いてみて。さあ頑張って！

私にはそんな優しい天使たちの声が聴こえてきます。うまくいっていない時こそ変われるチャンスであるというのは、そういうことです。

そもそも考えてみてください。あなたがある人の活躍をうらやんでいるとしたら、じつはその人の凄さが感じられているということです。**自分のなかにそうした「感じる力」があることにまず気づきましょう。**

そのうえで、何を基準にそう感じているのかを考えてみてください。

たとえば、日本ではやせていて小柄な女性のほうが美しいと思われていますが、昔ハワイでは大柄で太っていることが美しい女性の条件でした。

このように外側の価値基準は時代や場所によっていくらでも変わってきますから、それは絶対的なものではありません。

ただ、そこで認められるということは、それだけの素晴らしいエナジーを持っているということになりますよね？　あなたが感じているのは、そうしたすばらしさでしょうか？　それとも外側の基準でしょうか？

✿コンプレックスは感性の裏返し

魅力のある人を魅力的だと感じているということは、あなた自身のなかに「感じる力」があるはずだと言いましたね。

コンプレックスを気にしてばかりいるとなかなか気づけませんが、**あなたにはそうした豊かな感性がすでに備わっているのです**。まわりの人が誰も気づいていなくても、あなたはすでに魅力的なのです。

それだけの力があるのですから、自分のことだってもっと認めていいはずです。その感じる力を使って自分自身をポジティブに評価してあげましょう。

そうすれば、たとえ自信が持てないことがあったとしても、あまり落ち込まず、**「自分はスペシャルなんだ」**と思えるようになっていきます。外側の価値基準に振り回されていた現実から、徐々に離れていけるでしょう。

「でも、大丈夫」は魔法の言葉

だめなところがあるけれど、自分って愛おしいよね。人になかなか認めてもらえないけれど、こういういいところもあるよね。スタイルも良くないし、美人でもないけれど、こんな魅力もあるよね。

ナルシストと思われようが、そんなふうに自分と対話してみてください。

そうやって自分に関心を持ち、愛せるようになってくると、他の人の素晴らしいところも受け入れられるようになります。自分が好きになれた分、人と比べていやな気持ちになることもなくなっていきます。

もちろん、自分の置かれている状況が豊かでなければ、ひがみも生まれ、引け目を感じ、こうした気持ちになれないこともあるでしょう。

人と比べるのは良くないと思っても、つい比べてしまい、みじめだと思う。そのネガティブなループから抜け出すにはどうしたらいいでしょうか？

ポイントは、「でも」という口癖を変えること。ここでは、ネガティブな「でも」をポジティブな「でも」へと変えてしまう、フナの教えをお伝えしましょう。

ポジティブな「でも」に変える

「でも」という言葉が思い浮かんでくる状況を思い浮かべてください。

でも、お金がないと何も始められない。でも、時間がなくて実行できない。でも、やる気が湧いてこない。でも……。そうした言葉が出てきたら、まず「そうだよ、それでいいんだよ」と受け入れます。

つまり、「でも、お金がないと家賃払えないじゃない」と思ったら、**「そうだよね、お金ないと家賃払えないよね」**と、いったん肯定するのです。

そのうえで、その「でも」をネガティブな「でも」からポジティブな「でも」に変えていきます。そう、**「でも、何とかなるかもね」**と。

それでもあなたの心が納得せず、「でも、そんなこと言ったって、現実問題として何とかならないじゃない」って思うかもしれません。

そうしたらまた、「そうだよね、何とかならないよね」といったん肯定します。そして、そのあとに「でも、なるかもしれないじゃない」と思うのです。

自我はとても頑固ですから、それでもまだ言い返してくるかもしれませんが、方針は変わりません。**「でも」という否定に「でも」という肯定で返していきましょう。すべてをいい方向に変えていくのです。**

不安が湧いてきたら、「でも、大丈夫」「でも、大丈夫」と、自分が根負けするくらい、しつこいくらいに繰り返しましょう。

そうやって自分を肯定する習慣をつけていくと、明るい気持ちが刷り込まれていき、どんどんと楽天的になっていきます。

✿「でも、何とかなった」からここにいる

人と比べて落ち込むのも、ついネガティブに思ってしまうのも、あなたが悪いからではなく、ただなんとなく続けてきた癖でしかありません。

それは決して絶対的なものではありません。これまでいろいろあったけれども、い

まここにいるということは、**「でも、何とかなってきた」**ということだからです。

何とかなってきた証拠に、あなたはいまここにいるのです。「でも」「でも」と思いながら「でも、何とかなった」のは、あなたにそれだけの力があったからでしょう。

私自身の人生も、「でも、何とかなった」の連続でした。はたから見ると行き当たりばったりのようですが、最後は何とかなってしまいます。

たとえば、今回の出版の話をいただいた時、スケジュールが詰まっていて原稿を仕上げる時間がないにもかかわらず、直感でオーケーの返事をした後、その瞬間に飛行機のチケットを予約し、数日後には打合せのため日本に向かっていました。直感を信じ、天使の導きに従ったおかげで出版の話は一気に進んでいきました。

癖を変えるのは大変なところがありますが、「でも、大丈夫」という切り返しはなかなか強力で、繰り返すうちに性格すら変えてしまえます。

「でも、大丈夫」が、運がいい人ならば誰もが持っているポジティブなエナジーを引き寄せる魔法の言葉になるのです。

思いは一瞬に切り替えられる

私たちは、過去の自分の行いについとらわれてしまいます。

自分のことが好きになれなかったり、新しいことを始める勇気が持てなかったりするのも、過去にとらわれ、ネガティブになる自分がいるから。

でも、大丈夫。……このポジティブな「でも」を使えば、そんな過去へのとらわれもどんどんと切り替えてしまえます。

たとえば、一分前に「でも、お金がなかったら何もできない」という自分がいたとしても、フッと気持ちが切り替わると、一分後には「でも、大丈夫かもしれない」という自分に変わっているでしょう。

もちろん、また一分後に「でも、やっぱりダメかも」という思いが湧いてくることもあるかもしれませんが、また気持ちが切り替われば、一分後には「でも、大丈夫かも」に変わっているはずです。

思いはコロコロ変わっていくものですから、一瞬で変わります。たとえ10年間同じことにとらわれつづけていたとしても、この瞬間、まったく違う思いに変えることができるのです。

大丈夫、絶対に何とかなる

あなたという存在は、たえず新しい自分に変わり、いま思っていたこともすぐに過去の思いとなっていきます。

一つの思いが持続しているように見えますが、じつは思いは瞬間、瞬間のなかにあり、決して固定化されたものではありません。

一分前までは苦しいことにしか目が向かず、「でも、ダメだ」と思ってしまっていたとしても、それはもう過去の話なのです。いまの自分は一歩進んだところにいるのですから、過去に縛られず、違った選択をすることもできます。

ネガティブな「でも」はすぐに変えることができます。変えられないという思いをほんの少し脇に置いて、「でも、大丈夫」と思いましょう。この切り替えが上手になってくると、気持ちは自然と前向きになっていきます。

過去がどうであっても、でも、いままで何とかしてこられたのですから、じつはこれからも何とかしていけるのです。絶対に何とかなる。絶対に大丈夫。失うものなんて何もない……というのが本当なのです。

✿信じるところからスタートする

そうした自信がつくまで、あなたは「でも」と言い続けるかもしれません。でも、大丈夫です。何も問題はありません。

ネガティブな「でも」から抜け出したいという意思を持ったとき、この宇宙にはあなたをサポートする不思議な力が働くようになります。

「うまくいくなんて信じられなかったけれど、やってみたら何とかなった」という体験をしたことはありませんか?

とりたてて能力が高くなくても、不安や心配を抱えていても、「でも、大丈夫」と思い、この宇宙の不思議な力とつながりさえすれば、私たちは「何とかなった」という結果を手にすることができるのです。

とても信じられないと思いますか？　フナの教えでは、この宇宙にはそうした命を助ける力がつねに働いていると説いています。

それは、私たちの頭でとらえきれるものではありませんから、よくわからないうちはそれがあることを信じるところからスタートしてみましょう。

この世の中に、あなたの生き方を邪魔するものは何もないのです。

そう思える出来事があったとしても、根底にはそう感じている自分がいるだけです。あなたがダメだと思ったらダメ、大丈夫と思えたら大丈夫。世の中を動かしているものは、一人一人の思いでしかありません。

そうしたとらえ方ができるようになるほど、あなたは愛のエナジーが体からあふれてくるようになるでしょう。

月のエナジーで宇宙のリズムと同調する

この宇宙が一定のリズムで動いているように、宇宙の一部である私たちの体も、同じリズムに支配されています。

古くから占星術が研究され、月の満ち欠けが暦に取り入れられるなど、天体との関わりが重視されてきたのもそれゆえのこと。昔の人は、こうしたリズムの同調を肌で感じ、さまざまな知恵を見出してきたのでしょう。

天体を支配する大きなリズムを知ることで私たち一人一人の運命がわかるというのは、決して不思議なことではありません。

たとえば、女性の生理のサイクルは月の動きに連動していることはよく知られていますね。月の引力は潮の満ち引きにも影響していますが、地球が誕生して以来、それはずっと変わらず、一度たりとも止まることなく……地球という星の命のうねりを波の動きに変えて刻み込んできました。

波の音に耳を澄ませることで、この命のリズムを感じとることができます。都心で暮らす人は、波の音の代わりに大元にある月の満ち欠けを意識してもいいでしょう。

月は28日の周期で満ち欠けを繰り返します。その起点となるのが新月で、旧暦が用いられていた昔は、新月の日が月の初めにあたりました。

新月は新しいリズムがスタートする日です。月に一回、新月の日に「これから何をやっていきたいか」を思い描きましょう。

月は偉大な宇宙の法則に共鳴しながら、同じ周期で満ち欠けを繰り返します。ですから、雨が降っていようが、曇っていようが、新月の日には月に向かって願いごとを捧げるといいでしょう。これを毎月一回のルーティンにしていくと、自然のリズムとつながっていく第一歩になります。

✿あふれる感情を整える

一方、満月の時には新しいエナジーが入ってきます。

新月の時にお願いしたことを変化させ、より良い方向に飛躍させるためのパワーが得られますから、この日も月に向かってお祈りしましょう。

満月のエナジーはパワフルですから、人によっては心が揺さぶられ、さまざまな感情が湧き上がってくるかもしれません。

満月はそうしたあふれ出てくるものを受け止め、整理する時期でもあり、現実が大きく動き出す時期でもあります。

どちらにしても変化がカギになりますから、心を落ち着け、**「必ずいい方向に進んでいける」**という強い思いを捧げましょう。

✿宇宙のリズムとつながる入口

新月が種を蒔く時期としたら、満月は収穫に向かっていく時期にあたります。

願ったことは月のサイクルのなかで少しずつ育ち、大きくなっていきますから、この周期が3回繰り返される3ヶ月を一区切りにし、つねに月の満ち欠けを意識しながら夢や目標を具体化させていくといいでしょう。

古代ハワイアンは、日本の旧暦と同様、月をベースにした独自のムーンカレンダーを利用し、宇宙のサイクルにつながる助けとしてきました。月の持つパワーを知りつくしていた彼らは、フナの教えに従って、**月の存在を意識することを自然とつながる入口にしていたのです。**

私もまた、こうした月のエナジーに興味を持ち、師であり、ハワイの母でもあるカーン博士（２１６ページ参照）からハワイアン・ムーンチャートについて学び、セミナーでも多くの方にシェアしました。

ハワイでは、満ち欠けする月の一つ一つに名前がついています。それをもとに特別なムーンチャートを作り、生まれた日がどの月であったかを知ることで、自分自身の運命を学ぶことができます。私もこのムーンチャートを参考にしてセミナーの日程を決めたり、満月や新月の日にお気に入りの海辺で瞑想をしたり、日頃から月を意識した生活を心がけています。

星の動きを追うことも大事ですが、体の声に耳を傾ける感性を養うために、まず最も身近な天体である月の動きを意識してみましょう。

月の満ち欠けに合わせて自分自身の生き方を見つめ直していくと、願いごとがテンポよく叶うようになっていきます。

レイアのエナジー法則 *2*

1 喜びや心地よさを優先すること。まず、「自分が何に喜びを感じるか」を基準にしましょう。

2 魂こそがすべての本質。私たちは、必要なものはすべて持って生まれてきました。

3 いまあるものが色あせたように感じたら、それは変化のチャンス。怖がらず一歩前へ。

4 大事なのは自然を感じて、つながること。宇宙のリズムに同調すると、願いは叶いやすくなります。

5 呼吸のなかにすべての答えがある。感謝の祈りに呼吸を重ねましょう。

6 ネガティブな「でも」から、ポジティブな「でも、大丈夫」へ。

第3章

体調を整えると、体に愛が宿る

体を大事にすることの本当の目的

エナジーを高めていくうえで忘れてはならないのが、健康との関わりです。

私たちは誰もが肉体を持っていて、それを動かすために栄養をとったり、呼吸をしたり、睡眠をしたりしながら生きています。

当たり前のことですが、そうやって健康を維持することで私たちの体にエナジーが満たされていくんですね。

肉体は**「魂の乗り船」**ですから、肉体の健康が維持できなければ、私たちの魂は進みたい方向へと進んでいくことはできません。

この世に生まれ、さまざまな経験を積み、成長していくなかで、私という存在と共にあり続けるのが肉体です。

自分の思いを大事にするように、あなたの体を大事にしていますか?

体も自然の一部なのですから、これまでお話ししてきた意識のあり方と同じように目を向け、もっと大事にしていきましょう。

何よりも、体はあなた自身を支えてくれる土台なのです。しっかり向き合って、酷使しすぎたなと感じたらいたわってあげる。

といっても、ただ体を休ませればいいわけではありません。適度に体を動かし、呼吸をし、よい食事をとる。そうしたバランスのとれた体調管理をしたうえで、あとは**自分自身をとことん信じてあげる**ことが求められます。

ここ一番の大事な時には、自分の肉体の可能性を信じるのです。そこにエナジーを高め、元気に過ごす秘訣があります。

自然治癒力を発揮するには

健康の話に関心を持つ人は多いですが、ただ過保護にいたわることばかり考えていると、本当の健康とは何かがわからなくなってしまいます。

いたわってあげることはもちろん必要ですが、たまには体を酷使してしまうことだってありますよね？

体は甘やかしてばかりいるとすぐにくじけてしまい、いざというときに思うようには動いてくれなくなります。

たとえ体の調子を崩すことがあっても、自分自身が損なわれてしまうわけではないのだということを理解しましょう。

エナジーはつねにあなたの体を包み、魂の活動を支えてくれています。

大切なのは、体調を崩そうが、病気になろうが、あなたはあなただということです。何かの理由があってそういう状態になっただけで、あなた自身の本質は何も変わっていません。あなたの魂が傷ついたわけではないのです。

それなのに、病気は悪いものだという思い込みが習慣になってしまうことがあります。調子が悪い時、急に自分がダメになってしまったと思わず、そうした時も体にエナジーが働いていることを感じましょう。

✿信じることが治癒につながる

たとえば、高熱が出てフラフラして、とても立っていられなかったとしても、あなたにはそれを乗り越えていける力があります。

体の節々が痛くなったり、のどが炎症で荒れたり、胃が痛くなったり……つらい思いをしたときには、体が故障し、誤作動を起こしていると感じるかもしれませんが、それらは体が必要を感じて起こしていることです。

体はつねにパーフェクトに働いてくれているのです。

ただ、乗り越える力があると言っても、絶対に薬を飲むな、医者にかかるなと言っているわけではありません。

現代の西洋医学の素晴らしさにも目を向ける必要はありますが、むやみに焦らず、体のなかで起こっていることを感じることが大切です。ゆっくり体をいたわりながら、内なるエナジーの働きを信じるのです。

そうした時に発揮される力を、**自然治癒力**と呼んでいます。

体を甘やかすことではなく、信じることで自然治癒力は現れます。それもまた、この宇宙を動かしているフナの叡智の一部であるのです。

ここ一番で頑張れる体とのつきあい方

たとえば、山登りをしている場面をイメージしてみてください。頑張って山頂にたどりついたら、とてもすばらしい体験ができるというワクワク感があるから、多少つらくても登ろうとするわけですよね？

楽しいことをしている過程で肉体を酷使する場面もありますが、私たちはそのつらさを乗り越えることに達成感や喜びを感じます。

クタクタであっても、もう少し歩けば頂上にたどり着けると思ったら、何とか自分を励ましながら頑張るでしょう？

そうやって頑張ろうと思えるのは、あなたが自分の力を信じているからです。体が疲れきっていても、体のなかでエナジーが働いていることを、あなたはどこかで感じとっているはずなのです。

もちろん、いつもそんなふうに頑張り続けていると体も参ってしまいます。

好きなことに打ち込むには、ここ一番で頑張れる元気な体が必要です。体という支えがあるからこそ、エナジーを存分に発揮できるのです。

体の可能性を信じ、好きなことに打ち込むことと、体をいたずらに酷使し、そのつらさに耐えることとは違います。

内なるエナジーを発揮していくには、何よりもバランスが必要です。ただいたわるのでもなく、むやみに酷使するのでもなく、このふたつのバランスをとりながら、体の声を聞いていく必要があるのです。

肉体は「魂の乗り船」

肉体は魂の乗り船だと言いましたが、長い航海を続けていけば、船底に穴が開いて水が漏れてきたり、エンジンがうまくかからなくなったり、船体のあちこちが少しずつ傷んでくるようになります。

それを放っておいたまま航海を続けていたら、思うように進むこともできず、目的地に着く前に船が沈んでしまいますね。

船が傷まないようにたえず点検をし、修理をする。そのエッセンスは、予防医学と呼ばれるもののなかにたくさん用意されています。

要は、日常のなかで体をケアしていくことでエナジーをため、病気にならない体質を作っていく。そうした体質改善によって体の健康が保たれているからこそ、自然治癒力が発揮されるわけです。

✿「自然体」こそ健康のキーワード

では、具体的にどんなことをしたらいいのでしょうか？

フナの教えのキーワードとなるのが「自然体」です。ただストイックになるだけでなく、体と対話することが求められます。

体も自然の一部だと言いましたが、自然はつねに変化をしていきますから、杓子定規にコントロールはできません。

食事にしても、睡眠にしても、運動にしても、体にいいと言われていることは多々ありますが、その秘訣をマニュアルのように覚えこむのではなく、臨機応変に体の声を聞いていく必要があります。

体の声を聞くには、理屈だけでなく、感性や感覚を磨き、それを上手に用いていかなくてはならないのです。

私自身、セミナーやツアー、執筆活動などで多忙を極めることもあり、規則正しい生活が送れているわけではありません。

「レイアさんは、いつ寝ているかわからないくらい忙しそうなのに、いつも元気ですね」とよく言われますが、それでもほとんど体調を崩すことなく元気に過ごせているのは、体との対話を忘れずに自然体を心がけてきた結果だと思っています。

私たちは、人生を航海しながら同時に肉体という船をメンテナンスしています。理屈に合わないことが起こるのは、ある意味で当たり前です。その点をふまえ、体調管理のポイントをお話ししていきましょう。

「体の声」を聞くことはなぜ大事なの？

たとえば、「一日8時間寝ないと体に悪い」「健康のためには早寝早起きが必要」といった話を耳にすることがあると思いますが、8時間寝られない日もあれば、早寝早起きできない日もあります。

その人の置かれた環境によっていつ眠れるか、どれくらい眠れるかは違ってきますから、何が正しいとは一概には言えません。そのほうが体にいいと思っていても、なかなか実行できずに終わってしまうことも多いですよね？

でも、「体が大事」である点に変わりはないでしょう。

健康情報はあふれていますが、あまり難しく考えず、この「体は大事である」という点だけをつねに意識してください。

そうすると、対処のしかたがとてもシンプルになってきます。

たとえば、ずっと寝ていなければ頭がぼーっとして、自分の体が眠いと訴えているのが誰でも実感できますよね？

私たちはそうやって「体の声」を聞いているのです。

その声を無視して頑張り続ける必要があったとしても、心のなかで気になっていれば、どこかで対処するでしょう。

ちゃんと修理してあげるから

疲れているのに仕事がどうしても終わらないのなら、たとえ2時間しかなくても、まずは寝る。どんな状況でも、そうやって体の声を聞き続けるのです。

無理を続けると、だるくなったり、体のあちこちが痛くなったりして、「やっぱり寝ないとダメだなあ」と気づきますね？　それが体との対話の第一歩です。

仕事が忙しくて睡眠不足になったときにこうした対話を怠るから、どこかで倒れてしまうのです。

たとえば船が少し傷んでいても、嵐の日はそれを乗り越えなくてはなりません。だとしたら、「もう少し頑張ってね。嵐を乗り越えたら、ちゃんと修理してあげるから」、そんなふうに優しく声をかけてあげましょう。

時には無茶もしながら、でも、励ましあいながら、自分の体と一緒に人生を歩んでいく。自然体を大事にするというのは、そういうことです。

体が大事だという意識さえあれば、忙しくて思うように眠れなかったとしても、合間を見つけてボーッとする時間を作るとか、そのなかで工夫しよう、いたわろうという気持ちが必ず生まれます。

✿自分の体といかに対話するか

もちろん、そんな時間すら作れない日が続けば、自分の限界を超えたところで倒れてしまうでしょう。それは体との対話を怠った結果だと言いましたが、そうした場合、そこで初めて休もうという気持ちが生まれます。

そうやって追い込まれ、何が大事であるかを教えられるのです。そこで気づくことができたら、それはそれで必要な体験になります。

どちらにせよ、私たちは体と対話しながら生きています。

流行りのノウハウを鵜呑みにしたり、テレビの番組で紹介された体にいいと言われていることを次々に実践したりするより、体とつねにコミュニケーションをして、対話のレベルを高めることのほうが大切です。

「無理をしてごめんね」「もう少ししたら休むからね」……そんなふうに声をかけてあげるだけでも、対話のレベルは高まります。

肉体は一生つきあっていく、あなたの大事なパートナーです。

あなたの人生のために、体も一緒になって頑張ってくれています。それがわかれば、感謝の気持ちが湧いてきますね？

私も日常のなかで、こうした体との対話を何よりも大事にしています。

心がけているのはとてもシンプルなこと。体と対話さえすれば、あなたももっとパワフルになれます。どうやって体調を整えていくか、自分なりの対処法が見つかっていくでしょう。

自分を優先する人ほど健康になれる

私たちの体は、体調が悪くなったり、疲れを感じたり、そういう形でたえずサインを送ってくれています。

体調が悪くなること、疲れやすくなることが悪いわけではなく、そのサインに気づかず、どんどんと無理をしてしまうことに問題があります。

たとえば、仕事や家事に追われている人にかぎって、「自分がいなきゃダメだ」「これをやらなきゃならない責任がある」といった思いで自分を縛り、つい過剰に頑張ってしまうことがあるでしょう。

責任感を持つことは大事ですが、あなたがいなくてもこの社会はまわっていきます。

あなたの頑張りがまわりの評価や責任を気にしたものであったとしたら、それ以上に大事なものがあることに目を向けたほうがいいでしょう。

それ以上に大事なもの、それは言うまでもなく、あなたの命です。

「命を大事にする」というと大げさに聞こえるかもしれませんが、それは、体が発するサインを大事にしていくということです。

まわりの評価を基準にしていると責任感ばかりがふくらんで、視野はどんどん狭くなります。せっかくのサインは見逃されてしまい、頑張るほどに心も体も消耗し、つらくなっていきます。

ちょっとだけ「わがまま」になりましょう

同じ責任のある仕事でも、体のサインを感じ、体と対話しながら乗り切っていったほうが、ずっと楽しくやれます。

まわりの評価は、状況によっていかようにでも変わってしまいます。

でも、**あなたが命を持っていること、その命が肉体に宿っていることは、生きている限り変わることはありません**。

この命に目を向けることがなければ、いくら頑張っても思うようにいかないことはいくらでも出てきます。なぜなら、あなたの内側に眠っているエナジーを引き出し、それを活かすことができないからです。

イキイキと働いている人は、みんな「自分」を基準にしています。自分を大事にできなければ、まわりの人のことも大事にできません。まずは自分の体に目を向け、体の声を大事にしましょう。

自分の命を大切にするために、ちょっとわがままになってみるのです。

わがままに生きるということは、自然体であることと重なります。自分を楽にしてあげることに、あまり恐れを感じないことです。

✿体の働きに任せきりにならない

はた目にいい加減に見えたとしても、肉体の声を聴きながら、食べすぎない、寝すぎない、動きすぎない、言いすぎない。

こうした「～すぎない」という基本を外れないようにバランスが保てれば、それがフナの世界で言うところの自然体です。

自分のことを大事にしないまま、まわりの基準に合わせようとするところに、調和を崩す本当の原因があることを理解しましょう。自分が自分であることを忘れてしまうことで、心と体にひずみが起こるのです。

私たちの体は細胞レベルでは毎日変化していき、新しい細胞があなたの体をサポートするために次から次へ動いてくれます。

私のセミナーを受講した生徒さんたちは、自分を大事にすることの本当の意味に気づくことで、食事を変えたり、瞑想を取り入れたり、体のメンテナンスに関心を持つようになり、元気になっていきます。

体を大事にするということは、体の働きに任せきりになるのではなく、それに協力し、助け合いながら生きていくということです。体をいたわることで、大事にしてもらった細胞が一生懸命働いて、あなたをサポートするようになります。愛を感じるから大事にしてもらえるわけですね。

それこそが、健康に生きるための秘訣になるのです。

「頑張りすぎない」ことが健康の秘訣

自然の一部である私たちの体は、信じられないほどの完璧さを備えています。

といっても、つねに健康で、風邪一つ引かないということを、ここで完璧と言っているわけではありません。

世の中には虚弱体質の人もいれば、持病を抱えている人も、体調不良に悩まされている人もいますが、**健康な人にも、病気の人にも、同じように宇宙の法則は働いている、そこに完璧さがあるのです**。

働きすぎたら疲れるのも、無理をすれば病気になるのも、宇宙の法則が何の間違いもなく働いている結果なんですね。

病気にかかることも、体調不良になることも、そこには必ず原因があります。

だって、寝不足が続いたり、不摂生ばかりしたりしているのに体がピンピンしていたら、そのほうがおかしいでしょう？

逆に言えば、ちょっと疲れたなという時に優しくいたわってあげれば、それに対しても体はちゃんと応えてくれるということです。どちらにも同じように宇宙の法則が働いていることがわかりますね？

私たちの体は、多少わがままであっても「仕方ないなあ」と許してくれ、いざという時には一緒に頑張ってくれる、とても優しい存在なのです。

もちろん、わがままぎたら、体だって悲鳴をあげてしまいます。ここまでなら体も許してくれる、自分がやりたいことに協力してもらえる……そのあたりの境界はどこにあるでしょうか？

✿「笑顔でいられるかどうか」が基準

ここで思い出してほしいのが、これまでお話ししてきた**「愛に基づいているかどうか」**という価値基準です。

愛に基づくということは、「笑顔になれるかどうか？」でしたね？

いくら好きなことであっても体力的な限度はありますから、**どの程度までなら笑顔**

でいられるかを基準にして問いかけてみましょう。

その答えもとてもシンプルです。「自分が犠牲になっている」という思いが増してくると、笑顔は消えてしまうからです。

「こんなに私がやってあげているのに」とか、「こんなに苦しい思いをしているのに」といった思いがどこかにあるのなら、ちょっと頑張りすぎている証拠です。体調が悪くなくても、気持ちがイライラ、カリカリしているかもしれません。どちらにしても、体にいいとは言えませんね？

✿精神力に頼りすぎない

「いまの私ならここまでできる。だから、もう少し頑張ってみるわ」と笑顔で言えるかどうか？　その基準を超えたところに限界があると考えてください。

限界を超えたらすぐに倒れるというわけではありませんが、体が感じる苦痛を精神力でカバーするようになっていきます。

そうした精神力を発揮することで、ダメだと思っていたことが何とかなってしまうこともありますが、気づいてほしいのは、その段階であなたの体はかなり頑張ってしまっているということです。それを実力だと勘違いしていたら、体の働きはどんどんおかしくなっていくでしょう。

そればかりか、体の声を聞く力が失われ、自然の中で生きている自分が感じとれなくなっていきます。頑張ることで自然から離れ、心が孤独になっていくのだとしたら、これほど寂しく、つらいことはありません。

私が言う限界は、あなたがあなたらしくいられなくなる、そういう意味での限界です。体としっかり対話をしていくと、笑顔が失われそうになる前に立ち止まり、その限界に気づけるようになるでしょう。

食べ物からエナジーをたっぷりいただく

ここまでお話ししてきた視点で、食事についても考えてみましょう。

食事に求められるのもまた自然体です。ここでも情報に振り回されず、体の声を聞くことが大切ですが、この言い方だけではイメージしにくいかもしれません。具体的には、次の4点を意識するといいでしょう。

1、生き物の命をいただいて生きている。
2、他の生き物との共生で成り立っている。
3、しっかり排泄をするからこそ栄養が入ってくる。
4、食べる時の意識が健康に大きく影響する。

1の「生き物の命をいただいている」という点は、動物をいただく場合でも、植物をいただく場合でもどちらにも当てはまります。

菜食主義の人のなかには、牛や豚を殺して食べるのは残酷でできないという人がいますが、植物も命を持っているという点は変わりありません。他の生き物の命をいただかなければ私たちの命は維持できないのですから、口に入れるものすべてに感謝の気持ちを持つことが何より大事だとわかりますね。

それに加え、**生き物の命がエナジーそのものである**という点も意識しましょう。

自然栽培された新鮮な食べ物には、加工された食べ物に比べてたくさんのエナジーが残されていますが、カロリーや栄養成分ばかり見ていると、こうした「命＝エナジーをいただいている」という視点が見失われてしまいます。

✿食べ物のエナジーで生かされている

加工食品、インスタント食品、ジャンクフード……。忙しいからといって、こんな食べ物ばかり口にしていませんか？　揚げ物ばかりであったり、添加物の摂りすぎに無頓着だったりしていないでしょうか？

こうした食べ物は自然な状態から遠ざかっている分、エナジーが失われてしまっています。ですから、お腹は満たせてもあまり元気にはなれません。

体に害があると言われているから避けるという考え方も必要ですが、それ以上に大事なのは、食べ物に含まれるエナジーです。

体の声を聴く習慣をつけると、こうした食べ物のエナジーこそが元気の源であることを理屈抜きに感じられるようになります。

私たちは、食べ物で生かされているのではなく、食べ物の持つエナジーで生かされていることをいつも意識しましょう。

イキイキとした毎日を送るには、ただお腹を満たすのではなく、食べ物からエナジーを補給するという感覚が欠かせないのです。

✿腸の働きを大事にする

2の「他の生き物との共生」という点については、腸内細菌との関わりを耳にしたことがあるでしょう。

私たちの体は、腸内に棲んでいる菌の力を借りながら食べたものを消化したり、不要なものを排除し、解毒したりしています。自分一人の力では食べ物を取り入れ、エナジーに変えることはできないんですね。

他の生き物の命をいただいて自分の命を養っていくのに、さらに他の生き物のお世話になっている……本当に驚くような仕組みだと思いませんか？ こうした命の働きを邪魔せず、逆にサポートできるようにするには、消化の負担がかかるものの摂りすぎを避けることが必要でしょう。

ハワイに住んでいると、新鮮な果物からエナジーが容易に補給できますが、日本ではすぐれた発酵食品がたくさんあります。

ご飯に味噌汁、納豆、ぬか漬けなど伝統的な日本の食事はエナジーの宝庫ですから、そうした食品を取り入れると良いでしょう。

加工食品ばかりつい口にしてしまう人は、生の野菜、果物、発酵食品などを意識して口にしましょう。もちろん、農薬をあまり使っていない、発酵期間が長いなど、なるべく質のいいものを選ぶことが基本です。

感覚を磨き、体が喜ぶものを食べる

エナジーの高い食品は、腸の働きを活発にしてくれるため、3の「排泄と栄養補給の関係」にもプラスに働きます。

きちんと出すからこそ入れることができる。……こうしたデトックスの発想は、私たちの日常にも当てはまります。たまった感情を吐き出すからこそ、体のなかに神聖なエナジーが入ってくるのです。

まずは食事を改善することでお腹の調子を良くし、スムーズな排泄を心がけましょう。腸の健康を保つことは、感情を安定させ、ポジティブな気持ちを生み出すことにもつながっていきます。

4の「食べ物と意識の関係」もとても大切です。

たとえば、避けたほうがいいと言われていても、ときにはジャンクフードを口にしなければならないことだってありますよね？

　ジャンクフードの摂りすぎは、確かに体には良くないかもしれません。でも、それが事実だからと言って、「これは体に毒だ」と思いながら口にしたら、あなたの脳はそれを毒として認識してしまいます。エナジーのレベルで見た場合、ジャンクフードの摂取そのものより、こうした意識のほうが問題でしょう。

体に悪いものを否定しない

　これは、食品のラベルを細かくチェックし、どんな添加物が含まれているかをチェックする場合にも当てはまります。

　私たちは、無添加なものだけを口にできるわけではありません。せっかくおいしい料理をつくっても、「この添加物が含まれているんだよなあ」というネガティブな思いがどこかにあると、その情報も体に入り込んできます。

　食事を見直していくといろいろな知識が入ってきますが、頭でっかちになりすぎると自然体からは遠ざかってしまいます。

　ですから、ここでもバランスを意識するようにしましょう。

ジャンクなものを食べなければならないときがあっても、ちゃんと体の声を聴いていれば、次は新鮮なものが欲しくなります。

新鮮なものが欲しくなったら体が欲するまま、新鮮なものを食べましょう。バランスをとるというのはそういうことです。

頭のなかで計算してバランスをとるのではなく、もっと体の感覚を使って、そのときに食べるものを決めていくのです。

✿「体にいいものを探す力」が備わっている

たとえば、体に悪いものだから排除するのではなく、食べなければならない時には食べてみて、体の声を聴いてみる。

それで美味しくないと感じたら、体はちゃんとそれを記憶してくれますから、むやみに手を伸ばさなくなります。

まずいものを食べて、胃がムカムカしたり、お通じが悪くなったりしたとしても、マイナスばかり考えず、それも体の声を聞いた結果だと理解しましょう。

こうした習慣を続けていくと、体に悪いものは自然と避けるようになり、体が喜んでくれるものがほしいと感じるようになります。そして、自然に選べるようになります。「オーガニックフードが体にいい」と言われていても、その知識や情報だけで踊らされることは減っていくでしょう。

体にいいって言われているけれど、本当はどうなのかな？　ああ、確かにこれは美味しい！　それならまた食べてみよう！

そんな体験ができたら、「オーガニックなんて高いから買えない」と思っていた意識が変わり、「この金額でも食べたいな」と価値を感じるようになるかもしれません。それももちろん、体の声を聞くということですよね？

オーガニックが体にいいと言われているから食べるではなく、それを食べると体が喜ぶから食べるというふうに、自分の体験を通じて意識を切り替えていくのです。そうすると、無理に節制しなくても体が求めるものが選べるようになります。

ダイエット成功の秘訣は「意識」にあり

毎日忙しくて食事のことなんて二の次だったとしたら、まず食べることに興味を持つことから始めてみましょう。

食生活の改善は、よく噛んでゆっくり食べるとか、野菜や果物の量を増やすとか、間食を減らすとか、できることからで構いません。

その際に大事なのが、すべての食べ物に感謝するということ。

いただきます。ありがとう。美味しいね。ごちそうさま……こんな言葉を意識して使うことも、食べ物のエナジーを取り込む助けになります。

そうやって少しずつ小さな体験を重ねていくと体の声を聞く機会が増えていき、何かのきっかけで食に対する意識が目覚めます。

意識が目覚めると、いろいろなことに関心が生まれ、勉強をする機会が増えてきますが、その際も食べ物への感謝の気持ちを忘れず、知識を詰め込みすぎて頭でっかちになるのを防ぐようにしましょう。

感謝の気持ちは、頭のなかにある「体に毒だ」といったネガティブな感情をデトックスしてくれる最高の調味料にもなります。

「こんなものを食べたら体に悪いかな」という思いが湧いてきたら、すぐに「ありがとうございます」「感謝します」と唱えるのです。

思いを大事にすると、体への影響は確実に変わります。それは体の声を聴くのと同じくらい大事なことです。

何を食べるかばかりに注意を向けるのでなく、どう食べるかです。食べている時の心の状態にも意識を向けるのです。

✿禁止事項から自由になる

そうやって食事の大切さがわかってきたら、次はたくさん禁止事項を設けて自分を縛ってしまうところから抜け出すことを意識しましょう。

そのいい例が、ダイエットで食事制限をする場合です。本当はお菓子やケーキが大好きなのに、「甘いものは太るから食べない」と思っていると、それだけで太るエナジーが入ってきてしまいます。

「こんなに甘いものを食べたら太っちゃうわね」と言いながら食べていたら、その意識の働きによって実際に太ってしまいます。そうやってエナジーのレベルで自分自身を縛りつけてしまうことで、かえって体に悪い影響を与えているのです。つらいダイエットをしても効果が得られにくいのは当然でしょう。

そんなに甘いものが食べたいのなら、むしろ無理に制限をせず、感謝して、美味しい、うれしいと思ってほんの少しだけいただきましょう。

極度の過食症ではない限り、太ってしまう本当の原因は、ストレスであったり、乱れた生活習慣であったり、じつは別のところにあるものです。甘いものを我慢したところで、ストレスばかりたまり、やせられるとは限りません。

「美味しい」と思っていただいたほうが、「太る、太る」と思いながらいただくよりずっといいエナジーが取り入れられます。

無理に制限するよりは、まず感謝の言葉、喜びの言葉を口にして、ネガティブなエナジーを取り入れないように心がけましょう。

感謝の気持ちで食事の質が変わる

体は自然の恵みを欲します。白砂糖や加工食品がおいしいと感じ、それを欲しているのは、甘さでストレスを解消したい欲求にほかなりません。

体の声を聞くことなく、ただストレス解消のために食べていませんか？　目や耳から入る情報に振り回され、欲望のままに食べ続けていると、本来持っている感覚が磨かれず、むしろ麻痺していってしまいます。ジャンクフード中毒、甘いもの依存は、こうして生じてしまうのです。

同じ甘いものであっても、食べる時の意識によって体への作用は違ってきます。

体が求めているものと、頭が求めているものの違いを感じられるようになりましょう。あなたの体が美味しいと感じられれば、同じ糖分であっても悪く作用せず、むしろエナジーを助ける方向に働いてくれるようになります。

食べている時の状況も含め、私たちは食事を通じてさまざまなエナジーを取り込み、それを生きる糧にしているのです。

病気になることは悪いことではない

私たちの体は、食事を通してよいエナジーを取り入れることで健康が保たれ、魂が進みたい方向に進んでいくことができます。目の前に広がる海原をどのくらいの速度で動き、どちらの方向に行ったらいいのか教えてくれるのが体なのです。

たとえば、病気になるということは、「そこでいったん休みなさい」「もういちど方向性を考えなさい」という、神様からのありがたいサインです。

私たちは、怪我をしたり、病気になったりしながら、じつは自分自身の生き方をコントロールしているのです。

食事に関しても、体に負担になるものを食べたらお腹が痛くなったり、下痢をしたり、体は必ず反応してくれます。それはつらいことですが、それがあるから体の望んでいることがわかるわけですね。

つまり、悪いものを通していいものを知り、私たちは感覚を磨きます。そして、自

然体であることの大切さを学んでいきます。

私たちは目に見える肉体の反応を介し、いまどれだけ動けばいいのか？　どこで休めばいいのか？　自分の生き方を学ぶことができます。肉体という不自由なものを通して、私たちは自由に生きることの素晴らしさを知るのです。

肉体は魂の受信機

ですから、体の声を聞くということは、ただ単に健康に生きるということを超え、あなたが本当に望んでいること、幸せになるために必要なことを知り、魂を磨いていく大事なアクセスになります。

肉体は宇宙からのエナジーの受信機のようなものでもありますから、宇宙の深いところから発せられるサインをつねに受け取っています。

実際、胸がギュッと苦しくなるとか、胃がキリキリするとか、のどが痛くなるとか、いろいろな形でサインが送られてきますが、それは生理的な反応だけでなく、あなた自身の感情とも深くつながっているはずです。

体の痛みを通して、日常のイライラだったり、悲しみだったり……あなたがそうした感情を持っていることを教えてくれます。

あなたはそれを心の奥に押し込めているかもしれませんが、痛みやつらさを通して、自分の本当の気持ちを知らせてもらっているのです。その意味でも、肉体はとてもすばらしい乗り船だとわかりますね？

私たちは肉体という魂の乗り船を操りながら、覚醒へと向かうとても素晴らしい旅を続けているのです。

✿病気になることも愛の表れ

あなたを目覚めさせてくれる聖なる器として、こうしていまも動き続ける体の営みに感謝し、大切に扱うようにしましょう。

自分の体を大事にできるのは自分しかいません。そう、体を大事にするということは、自分を愛するということなのです。

いくらまわりの人に「無理したらダメだよ」と言われても、実際に体をいたわることができるのはあなた自身です。

かけがえのない友として体と語り合い、その声を聞けるようになっていくことで、あなたの魂は磨かれていきます。

健康を保ちながら会話ができればベストかもしれませんが、病気になることもこの宇宙の愛の表れです。

体調を崩し、好きな事ができずに悔しい思いをしていたとしても、あなたはそこからたくさんのことを学ぶことができます。

そこで立ち止まり、気づけたことを感謝し、体といま以上に深く語り合うことで、新しい自分に生まれ変わっていけるでしょう。

私の場合、体調を崩すことは滅多にないとお話ししましたが、過去に過労で倒れたこともありますし、大きな事故に遭い、全身が耐えがたいほどの痛みを体験したこともあります。私はこうした体験を通じて、自分の体がかけがえのない友であることを改めて実感し、感謝の思いを抱くようになりました。そうやって、誰もが少しずつ学び導かれているのです。

腸をきれいにすれば心もきれいになる

先ほどお伝えしたデトックスの話とも関係しますが、**腸は宇宙とつながるとても大切な器官です**。腸をきれいにすることで体に必要なものが入ってくることも、宇宙の法則の一つであり、フナの教えでもあるのです。

たとえば、部屋が散らかっていたら新しい家具を入れることはできませんね。それと同様、自分のお腹のなかに余計なものがたまっていると食べ物のエナジーは思うように入ってはくれません。

だから、たまったものを出していくデトックスが必要になってくるわけですが、それは腸という器官に限った話ではありません。

ここで意識してほしいのは、心と体のつながりです。腸にたまった毒素がクレンジング（浄化）されるのと同様、心のなかも余分なものを捨てることでクレンジングされ、必要なエナジーが入りやすくなります。

感情のクレンジングはなかなか難しいと思っているかもしれませんが、感情のアップダウンが激しく、すぐに気持ちが不安定になってしまう人は、まずは腸のクレンジングにしっかり取り組むといいでしょう。

✿腸のクレンジングで感情を整える

私がハワイのマウイ島で開催している合宿プログラムでは、古代ハワイアンに継承されてきたコロンクレンジング（腸内洗浄）を現代式に行うことで、心と体にたまった老廃物や毒素を徹底的にデトックスしていただいています。

一週間にわたってしっかりクレンジングすることで、腸内の寄生虫や有害金属などが排出されて、心も体も軽くなります。

できればこうした形で集中的にクレンジングすることが一番ですが、その機会を作ることが難しくても、間食を減らし、新鮮な野菜や果物、発酵食品などを摂る機会を増やすだけでもお腹の調子はかなり改善されます。

腸の健康を回復させることが、感情を安定させる第一歩。イライラしたり、クヨク

ヨしてばかりの人は、まずはお腹の調子を整えましょう。

心と体は合わせ鏡のように一体ですから、心を無理に変えようとしなくても、体調を良くすれば自然と安定していきます。腸にたまった汚れをとることが感情の乱れを整え、あなたの心をクリアーにしてくれるのです。

「散らかった部屋のほうが落ち着く」という人もいるかもしれませんが、パソコンのメモリーと同じく、いろんなものがゴチャゴチャに入っていると、欲しいと思ったものをすぐに見つけることができません。

心のなかにしても、散らかっていたゴミをきちんと整理し、いつもスッキリさせていたほうが健康的でしょう。

まずはお腹（腸）のゴミを掃除し、心と体がスッキリとした状態がどんなものかを感じるようにしてください。そのうえで、日常のなかで心にこびりついていくネガティブな感情を浄化させていくのです。

✿感情を宇宙の海に流してしまう

人を疑ったり、将来を心配したり、すぐに怒ったり……こうした感情の汚れに気づいたら、海に流して浄化しましょう。

海は、地球誕生以来、休むことなく地球の汚れや、怒り、苦しみ、憎しみなどの人々の感情の汚れまでも浄化し続けてくれています。近くに海がなかったら？　その時は心に広い海を描いて、そこに返していきましょう。

メモリー内の不要なファイルは、思い一つで簡単に浄化できるのです。

「どうやって解放すればいいのか？」と難しく考えず、**湧いてきた思いは、心に描いた海に流していきましょう。体調をしっかり整えておくと、こうした感情のクレンジングがスムーズに進みます。**

健康を維持するためだけでなく、心を安定させるためにも、体調管理はとても大事なことです。腸という宇宙につながる回路をクリーンに保つからこそ良いものが入ってくる、このシンプルな宇宙の法則を日常のなかで実感し、エナジーをどんどん取り入れていきましょう。

心と体のつながりを意識することが、健康に生きる土台となるのです。

レイアのエナジー法則 3

1. 「体は魂の乗り船」。体の働きをとことん信じると、エナジーが内側からあふれてきます。

2. 体という支えがあるからこそ、内なるエナジーは存分に発揮できます。

3. 体の声をつねに聞くこと、それが「自然体」で生きる秘訣です。

4. いつも笑顔でイキイキとしている人は、みんな「自分」を基準にしています。

5. 健康な人にも、病気の人にも、同じように宇宙の法則は働いています。

6. 私たちは食べ物の栄養だけでなく、食べ物の持つエナジーで生かされています。

7. 腸は宇宙につながる入口。体調を整えると、感情のクレンジング（浄化）がスムーズに進みます。

第4章

お金を生み出すエナジー

お金のエナジーと上手につきあうには

この章では、お金とエナジーの関わりについてお話ししましょう。

お金はエナジーそのものですが、本来、エナジーはニュートラルなものですから、良いものにも悪いものにも作用します。

お金を稼ぐことでエナジーがどんどんとアップする人もいますが、その一方で、お金が人生を狂わす元凶となる場合もあります。

「お金がなければやりたいこともやれない」と考えている人がいますが、これはどこまで本当でしょうか？　お金と上手につきあい、エナジーを高めていくには、次の4つのポイントを意識するといいでしょう。

1、いま、お金をあまり持っていなくても引け目を持たない。

2、お金が自分自身の生活を支え、豊かにしてくれる、素晴らしいエナジーを持っ

ているということを認める。

３、お金を儲けることよりも、「お金を手にしたら何をしたいか？　何が欲しいのか？」、そのビジョンをしっかり持つ。

４、手にしたお金を有効に使うことができるという自信を持つ。

この４つが重なり合うことでお金を引き寄せる力が高まっていきますが、現実には十分なお金を手にしていないとあまり前向きな気持ちになれず、最初のところでつまずいてしまうことが多いかもしれません。

そうした人は、これまで私がお話ししてきたことを思い出してください。

いまどんな境遇であろうと、お金があろうとかなかろうと、あなたはこの世界から見放され、孤立してしまっているわけではありません。

まわりの人に評価されていなかったとしても、仕事で空回りばかりしていたとしても、あなたを支えてくれている天使たちはいつもスタンバイしています。あなたの可能性を信じ、惜しみない愛を注いでくれています。

ですから、引け目を持つのはやめましょう。

大丈夫です。何も持っていなかったとしても、あなたの体のなかには人生を切り開いていくだけのエナジーが脈打っているのです。

まずは、そうした内なる力を信じることから始めましょう。それがお金と上手につきあっていく、最初の一歩になります。

✿お金を手にする資格は誰にでもある

お金には、世の中を動かすとても強力なエナジーが宿っています。

本来はただの紙や金属でしかないものにエナジーが乗り移り、まるで生き物のように世界じゅうを駆けめぐっているわけですね。

それもまた宇宙のエナジーの表れのひとつなのですから、引け目を持ってばかりでは、その強いエナジーに振り回されてしまいます。

いまたくさんのお金を必要としていなかったとしても、**「自分には好きなだけお金を手にする資格が与えられているのだ」**と信じてください。

その資格をどこまで行使するかはあなたの自由。でも、そうした意識を持つことによって、お金のエナジーと正面から向き合えるようになります。

経営能力があるか、特別な技術を持っているか、いい会社に就職しているか……これらは、必ずしもお金を生み出す条件になるとはかぎりません。**経済のことなんて何もわからなくても、お金が動く時は動くものです。**なぜなら、そこにエナジーが関わっているからです。

エナジーは型にはまらない、大きくも小さくもなる、とても自由なものです。

お医者さんにならないと人は癒せないとか、一流企業の社長にならないとたくさんの人を動かせないとか、そういう「○○○をしなければできない」はあなたの勝手な思い込みでしかありません。

この世界にあるのは、求めている人と求められている人の需要と供給だけです。

それがぴったりと合えば、そこにはエナジーの交換が起こり、予期できなかったさまざまな変化が生まれ、お金は入ってくるものなのです。

お金に対する意識を見直しましょう

2に挙げたように、あなたの人生の土台を作ってくれる要素の一つがお金です。引け目を持つ必要がないことがわかったら、お金の持っているエナジーを認め、「お金には、自分の人生を明るい方向に導いてくれる素晴らしい力が宿っているんだ」と感じてみましょう。

たとえば、味方になってもらいたい人のことを「あいつは悪いやつだ」と思っていたら、信頼関係など築くことはできませんね？

お金に対しても、まず大事になってくるのは信頼関係です。あなたはお金に対して、どんな思いを持っていますか？

「お金は汚いものだ」とか「お金の話をすることは恥ずかしいことだ」という意識がある場合には、お金はあなたの味方になってはくれません。いやがっていることはエナジーレベルで伝わりますから、お金のほうが逃げていくのです。

資格や経験よりも大事なもの

お金に対して信頼関係を築いていくには、お金を手にできたら、自分は何をしたいのか？　自由にイメージする必要があります。

たとえば、自然の草花に興味を持っているとしましょう。

興味を持っているということは、そうした草花にエナジーが宿っていることを感じとる力を人より持っているということです。「ただ植物が好きなだけ」と思うかもしれませんが、その「好き」が大事なのです。その気持ちを手がかりに、自分の可能性を信じてみましょう。

興味のおもむくままに調べていったら、「この薬草はお腹が痛いときに効くんだよ」と困っている人に教えてあげることができるようになります。それで人に感謝されたら、もっと勉強したいと思いますね？

そうやって勉強を続けていき、まわりの人にシェアしていけば、やがてハーブ（薬草）の専門家として知られるようになるかもしれません。

「専門家だなんて、自分は何の試験も受けていないし、資格を持っているわけでもないし……」と、尻込みすることはありません。

あなたはすでに薬草を通じて、世の中とエナジー交換をしているのです。

求められるままに勉強をし、経験を積んでいけば、そこに価値が生まれ、お金というエナジーと交換する流れも生まれるでしょう。

✿あなたにはお金を動かす力がある

大事なのは資格があるのかどうかより、価値が生まれるかどうかです。

あなたが好きなことに打ち込み、それを通じて世の中とエナジーのやりとりをしていけば、価値は必ず生み出せます。そうしているうちに、もし必要であれば資格を取得する道が開けてくるかもしれません。

一つのことを長く続けていけば、こうした交換の場が必ず生まれてきます。

実際、いま何らかの仕事につき、お金をもらっているのであれば、どういう形であれ、価値を生み出していることになりますよね？

でも、仕事に不満がある？　もっとお金が欲しい？

だとしたら、４に挙げたように、「自分は手にしたお金を有効に使うことができる」と、自分自身の力を信じましょう。

４つ挙げたなかで、じつはここがいちばん大事なポイントになります。

普通、そうしたお金を扱える能力は、たくさんの経験を積みながら、少しずつ磨いていくものだと思われているかもしれません。多くの人はそう感じることで、「だから、いまの自分にはそんな資格はない」と思ってしまいますが、じつは**そうやって制限をかけ、お金から遠ざかってしまっているのです。**

どんな能力であっても、それは発揮される前から、すでにあなたのなかに宿っています。成功する人は、その力を初めから信じています。

もし、あなたが、「能力を身につけないとお金を稼ぐことはできない」と思っているとしたら、発想を転換してみましょう。**「自分にはお金を動かす力が初めからある」と信じられれば、そこから道は開けるのです。**

お金のエナジーと感情のエナジー

この世界はすべて、目には見えないエナジーによって動かされています。

お金のエナジーもその一つということになりますが、愛のエナジーとは大きく違う点があります。お金のエナジーは目に見える形で交換が起るため、変化がはっきりと数字に表れ、誰でも共有ができるからです。

それはお金特有の利便性につながっていますが、反面、その数字が独り歩きすることで憎しみ、悲しみ、怒りなど様々な負の感情が増幅される場合もあります。

お金というエナジーの根底には、感情のエナジーが共振しているのです。だとするなら、自分の感情をどう扱うかが大事だとわかるでしょう。**あなたがどういう感情を持つかによって、お金はきれいにもなり、汚くもなります。そこがお金の怖いところであり、すごいところです。**

お金は汚いものだと思っている人は、無意識のうちにそういう感情のエナジーでお金に接しています。

その思いが強ければ強いほど、お金を扱っているあなた自身のエナジーが汚れていきます。汚いお金によってあなたが汚されていくのではなく、**あなたがお金を汚いものだと思ったことで、お金を使うたびに汚れたエナジーが入ってくるのです。**

✿お金にも命は宿っている

お金にはとても強いエナジーが宿っている、という言葉を思い出してください。

そのエナジーを最大限に活かすには、意識の力を信じ、お金の意味はいかようにも変えられることを知らなくてはなりません。

「どれだけお金を持っているか？」は数字に換算できますが、その数字を動かしているのは私たちの感情であり、意識なのです。

私たちは、どうしても目に見える数字ばかり追いかけてしまいますが、それではお金の本当のすがたは見えてきません。

物質的なものであろうと、意識や精神と呼ばれるものであろうと、その根底は同じエナジーで成り立っているのです。

お金はモノだから感情が宿っていないというわけではなく、お金にもエナジーが宿り、お金を介して売られているモノにもエナジーは宿ります。

大事な人に接するようにモノにも接する、お金にも接する……そんな意識を持ってみてはどうでしょうか？　**お金もまた、愛することでそのエナジーが引き寄せられ、あなたのために働きはじめます。**

ただ、ここで言う愛することとは、執着することではありません。なぜなら、愛することにはワクワク感がありますが、執着すると不安が湧いてくるからです。愛することと執着することの違いをしっかりと理解したうえで、自分を信じ、お金を扱えるようになりましょう。

それがお金のエナジーを上手に活用する、最初の一歩になるのです。

✿ワクワクすることがお金になる

大事なことは、この世界にあるものはすべて一つのエナジーによってつながっているという点です。

お金だけが独立して動いているわけではなく、私たちの感情も含め、すべてが一体となって世の中を形づくっています。お金だけを追い求めて、他のことをおろそかにしていたら、どこかでつまずいてしまうでしょう。

それよりも、**ワクワクすること、楽しいこと、まわりの人が喜ぶことをしていけば、そこにエナジー交換が生まれ、それがやがてお金に変わっていきます。**

みなさん一人一人がそれを信じて実行していければ、楽しいことによってお金がまわり、世の中全体が経済的に潤っていくことも可能なのです。お金の儲け方よりも、まずはエナジーの活用の仕方を学んでいきましょう。

お金に対する考え方が根本的に変われば、儲け方のテクニックはいくらでもあとから学ぶことができるようになります。

好きなことでたくさんのお金を得るには

世の中にはいい商品、いいサービスばかりが存在しているわけではありません。「本当はこんなことは嫌いなのに」「こんなもの売って本当にいいのかな？」……そうした疑問を持ちながら、でも、自分に与えられた仕事だからと、偽りの笑顔でお客様と接している人もいるでしょう。

それが決してハッピーでないことは本人も承知のことかもしれませんが、生計を立てていることを考えたら、急にはやめられませんね。「でも、いやだ。何とか抜け出したい」という人は、何を心がければいいのでしょうか？

その答えは簡単です。**ここは自分のいるべき場所ではないことをはっきりと自覚し、失うことを怖がらないことです。**

粗悪な商品を売り、いやなサービスを提供するためにあなたのエナジーを使うのは悲しいことです。そうやって嘘を言わなければならないことに苦痛を感じるようなら、それに気づくためにそんな職場を選んでしまったのだと考えて、辞めることに躊躇しないこと。勇気を持って卒業しましょう。

✿偽りと欺瞞から抜け出す

人生の体験のなかで、自分が心を込める価値のあるものは何であるか、あなたは選ばなくてはなりません。たとえすべてを失うとしても、一日も早く偽りと欺瞞の生活から抜け出さなくては、魂がどんどん汚れてしまいます。

それでも生活のためにそこにいなければならないとしたら、矛盾しているようですが、卒業までの間、いま与えられた仕事に心を込めて打ち込みましょう。

たとえいやなことであっても、覚悟を決め、最後の最後まで心を込めてその仕事に携わることで、新しい道が開けてきます。

目の前の仕事にとことん向き合い、打ち込むことで、初めて自分の魂の声を知り、できることの限界に気づくようになります。その結果、愛と信念を持てる道に進んでいく動機やきっかけがいただけることになるからです。

✿エナジーの貯金をしよう

注意してほしいのは、偽りと欺瞞から抜け出すといっても、それはいやなことから逃げだすという意味ではないということです。

ただ事務職が退屈だとか、セールスが性格的に向いていないとか、なんとなく仕事にやりがいを感じないといった理由であるならば、その時は、文句を言う前にまず心を込めて目の前のことに打ち込んでみましょう。

好きか嫌いか、自分に正直に問うことはとても大事です。でも、その気持ちを目の前のことから逃げる口実にしないことです。

全身全霊を込めて、いまできることをやるのです。そこに仕事の意味があり、それは必ずあなた自身の成長につながります。

エナジーは目に見えないだけで、確実に動いています。

あまり好きではないことでも、いまそれをやらなければならないのであれば、そこに心を込めることであなた自身のエナジーは高められます。エナジーが高まれば、現実は必ず変わっていきます。

何をするのであっても、あなた自身のなかに自信、誇りは必要です。**まず、内なるエナジーを貯金していきましょう。**目の前に見えている現実だけにこだわるのではなく、宇宙の法則によって、その先に約束されている幸せを手にするために、愛のエナジーを少しずつためていくのです。

それは、あなたに少しずつ自信と誇りをもたらし、信念となり、そしてあなたのエナジーの源となるのです。

あなたの行動はすぐに評価につながらないかもしれませんが、ある段階までエナジー貯金がたまると現実のほうが動き出し、やりたいことが見つかっていきます。見えないエナジーを信じれば信じるほど、そうした変化は早くやってくるでしょう。

お金に対する執着から自由になる

私たちの心のなかには人をねたむ感情が出てくる場合があります。

お金を持っている人を見て、「なんであんな人が」という感情が湧いてしまったとしても、その人はあなたの知らないところで必死に努力し、誰よりも頑張った結果、お金を手にしているかもしれません。

表面的なところだけで人を評価せず、まず自分のすべきことに集中しましょう。自分のいまできることに心を込めて集中し、エナジーを注ぎ、それをまず自分の充実感に変えていくのです。

あなたが本当に望んでいるのは、お金をためることではなく、幸せになることであるはずです。目の前の数字をあげたり、人に認められる行動をしたりすれば、お金につながると考えている人も多いかもしれませんが、自分の心を置き去りにしていたら、たとえお金がたまっていっても幸せにはなれません。

せっかく頑張っているのに、「好きなことをやれているわけではないし」「全然楽しくないし」と心のなかで思っていては、エナジーはたまっていきません。

たとえ満足できる金額でなかったとしても、不平不満を言う前に自分の努力の対価としてお金をいただけることに感謝して、自分のことを「頑張ったね」と受け入れてあげてください。

そうやってお金と自分の関係を、少しずつ良好なものに変えていきましょう。お金に対する不満を和らげていくと、いやな仕事を続けていたとしても、思わぬ形でチャンスが舞い込んでくるものです。

お金を使うあなたに価値がある

お金との関係を良好なものにするには、お金の出し入れをスムーズにすることもとても大切になります。

私たちはお金を手放すときには執着が働き、せっかくエナジーを外に出そうとしているのに、つい引きとめようとしてしまいます。逆に受け取るときには謙遜して、入ってくるのを拒むところがあるでしょう。

手放すときには執着せず、入ってくるときは素直に受け取る。そうするとエナジーの流れがスムーズになり、お金が循環しやすくなります。

お金を手放すときに執着が働くのは、もったいないと思うからです。

お金を払う対象が価値のないものだったら当然の反応ですが、もしかしたらお金の額そのものに反応していませんか?

本当に価値を感じるものに投資すれば、必ずもっと大きくなってお金は帰ってきます。ですからそれを信じ、自分を磨くために思い切ってお金や時間を使ってみましょう。こうした自己投資に躊躇しない感覚がつかめると、お金に対して感情が振り回されなくなっていきます。

✿お金を出してもエナジーは減らない

自己投資がうまくできないのは、お金を儲けるための投資と自分の価値を磨くための投資を混同しているからです。

投資の意味を混同すると、自己投資して手元のお金が減ってしまうと、自分が貧しく思えてしまうことがありますが、でも、お金はエナジーなのですから、世界中をまわり続けるのが本当のすがたです。

世の中が作った価値観に振り回されてお金を使えば、エナジーの無駄使いになりますが、魂を磨くための体験や学びにお金を払うことができれば、結果的に投資した何倍もの豊かさを得ることができます。

良書を読んだり、習い事をしたり、セミナーに参加したり、休暇をとっていままで行ったことのない場所に旅行をしたりすることで、自分の殻を破り、自分自身に新たな価値を生み出す体験をしてみましょう。自分を磨くための自己投資は、減るどころかますますエナジーが増えるのです。

あなたの財布や預金通帳にあまりお金が残っていなくても、あなたのエナジーまで損なわれるわけではありません。

そうだとしたら、そのような思い込みに悩まされるのではなく、本当に価値のあるものに勇気と自信を持って投資できるようになりましょう。

エナジーを高めるための自己投資術

お金をたくさん使っても、だから貧しくなるわけではありません。

問題は使い方です。お金をためることで安心感を得られていても、エナジーの貯金ができていなければ心は貧しいかもしれません。

自分の心が豊かでいられるかどうか？　つねにこの点を基準にしてお金を使うようにしてください。

それには、あなた自身の直感を信じることです。

本当に自分のためになると思えるのであれば、なんとかお金を工面して、やりたいことをやってみましょう。その結果、エナジーの貯金がたっぷりできれば、使った分以上のお金は必ずあなたのもとに戻ってきます。

心の豊かさは目には見えませんし、預金通帳のようなものに記載することもできません。だから、「本当に大丈夫かな？」と心配になってしまうこともあると思いますが、そのときは自分の心に尋ねてみることです。
本当に楽しかったのか？　心が豊かになれたのか？　あなた自身がそれにイエスと言えたのであれば、その気持ちを無条件に信じましょう。

その信じる気持ちは、お金を貯める以上に大事なことです。天使たちは、好きなことを追求するあなたをつねに応援しています。まわりに理解してくれる人が少なくても、手もとにお金が少なくても、素直な気持ちで自分の心に尋ねれば、何をすればいいのか、必ず答えは返ってきます。

お金を払っても手に入れたいもの

あなたは持っているお金の額にこだわっているかもしれませんが、お金に対する考え方は、国や地域によって大きく違ってきます。

たとえば、平均的なアメリカ人は、その月に自分が必要な金額を稼ぐだけで、銀行預金として残す人が少ないため、預金残高が数十万円もあるだけでラッキーと感じる人がずいぶんいます。でも、日本人だったら預金が十万円しかなかったら、「来月どうやって生活しよう」と思うかもしれません。

豊かさや貧しさの基準は住んでいる国によって、いや、一人一人の価値観によっていくらでも違ってくるのです。

そこに基準を置いても振り回されるだけですから、**「お金を払ってでも手に入れたいもの」**のほうに基準を置きましょう。

あなたが何に対してどれだけ価値を感じているか？　あなた自身の基準がまずあって、お金は後からついてくるものです。あなたはあなたの感じていることに、もっと自信を持っていいのです。

✿お金を使う勇気を持とう

価値があると感じるものにお金を払う、それには勇気が必要ですし、もちろん失敗することもあるでしょう。

「あれほど欲しいと思っていたのに手にしたらそれほどでもなかった」という経験は誰にでもあるはずですが、場数を踏んでいくほどに感覚が磨かれ、そうした見込み違いは減っていきます。

これまでお話ししてきたように、もともと私たちは豊かな存在であって、何かが足りていないというわけではありません。**足りないから手に入れるのではなく、あなた自身が豊かな存在であることを知るために必要なものを手に入れる、その際にお金というツールを使っているだけです。**

価値のあることにお金を使うことに恐れを持たず、たとえわずかであっても勇気を出すことのできた自分を認めてあげましょう。

失っているのではなく手に入れていることに意識を向けることが、新たにお金を呼び込む、ポジティブな循環を生み出してくれるのです。

ハワイの生活で学んだお金のエナジー

お金とエナジーの関わりについてずっとお話ししてきましたが、ここで、私自身が体験したお金の話をしていきましょう。

私も皆さんと同じようにお金の本質を理解するために、これまでいろいろなことを体験しながら生きてきました。

学生時代から毎年訪れていたハワイを安住の地と決め、オアフ島に移り住むようになって数年後のことです。

当時、私は二人の子供のシングルマザーでした。

二人目の子供を授かるまでの数年間は、ハワイ大学に通いながらマリンスポーツの仕事と子育てをしていていましたが、二人目の妊娠中にシングルマザーになってしまった私は、アメリカの厳しい現実のなか、乳飲み子を抱えてできる仕事を探さなければならない状況に追い込まれてしまいました。

「いまの私にいったい何ができるだろう？」と模索しているうちに、あるハワイの友人から**「レイアが普段やっていることは、お金に替える価値があることよ」**という思いがけない助言をいただきました。

私はそれまで、日本人の知り合いやその家族など、ご縁のあった人たちを自分の家に泊めて、ハワイの聖地を案内したり、ハワイの情報を惜しみなく提供していました。こうした日々を送っていたことを知っていたまわりの人たちから、それをそのまま仕事にすれば良いのだとアドバイスされたのです。

マイナス材料があっても大丈夫

私がＢ＆Ｂ（日本でいうペンションや民宿にあたります）の経営を考えるようになったのは、それがきっかけでした。とはいえ、そのアイデアは、日本人の友人たちからはことごとく反対されました。

なぜなら、Ｂ＆Ｂを始めるには、部屋数の多い家を持たなくてはなりません。そんな大きな家を手に入れ、子育てをしながら切り盛りできたとして、もしお客さんが来なければ収入はゼロです。

「もうそうなったら、ローンや経費はどうするの？」「あなたのわがままで子供が飢えてしまってていいの？」「子育てするんだったら、どこかに勤めてお給料もらうことが責任ある母親の姿じゃないの？」

親身になってアドバイスしてくれる人もいましたが、高校生の時からサンフランシスコ、ロサンゼルス、ニューヨークとアメリカ生活の長かった私は、日本的な考え方に感謝しつつも、それに同意はしませんでした。

宇宙のエナジーが働いていることを感じていた私は、ネガティブなことを言われても、「絶対に何とかなる」と思っていました。自分の可能性がわかっていましたからあまり不安を感じなかったのです。

✿サインをキャッチすれば必ずうまくいく

ただ、クリアーしなければならない問題が一つありました。その頃の私は、お金をいただくということにとても大きな抵抗があったのです。

「自分ができることを心を込めてやる」ということは素直に実行していたのですが、それをお金に換えるということは何か悪いような気がしてできないでいたのです。

とはいえ、子育てするためには自分の直感を信じ、前に進まなくてはなりません。

自分が苦手だったことにチャレンジする機会を与えられたのだと言い聞かせ、「私がやっていることは価値がある。その価値を認めてくれる人からお金をいただくことは素晴らしいことなんだ」と、これまでの発想を転換しました。

二人の子供を育てるという現実のおかげで、無理やりそんな状況に追い込まれた感じもありましたが、一日中子供と一緒にいられる仕事だということが決意をうながしてくれました。

一度決心すれば、そこからはサインをキャッチしながら波に乗っていくだけです。

まず家をどうするか？　家具をどうするか？　銀行からお金を借りられるか？

数々の難題も波に乗ると面白いように新たな展開が現れて、話が進んでいきました。

たくさんの友人の協力を得ることで当座のお金も工面でき、なんとかＢ＆Ｂをオープンすることができたのです。

お金と向き合うことで使命がわかる

B&Bのオープンにはこぎ着けましたが、果たしてお客様が来てくださるかどうか、次はこの課題をクリアーしなければなりません。

「必ずお客様が入る」という具体的な保証があって始めたわけではありませんが、直感を信じて宇宙の波に乗り始めると流れが生まれます。

こういう流れが来ている時は、自分を信じて勇気を持って進めばたいていのことはうまくいくということは、それまでの体験でわかっていました。私は、天使たちにお願いをして、ただその流れに委ねたのです。

その結果、オープンと同時にまったく予期しなかったことが起こりました。

まず、ハワイの知り合いから「姪が日本から来るから泊めてあげてほしい」と依頼があり、最初のお客様が現れました。

彼女は1ヶ月ほど滞在して帰っていったのですが、帰国後、私が知らないうちに『地球の歩き方』というガイドブックに宿のことを投稿してくれたことで次々と予約が入り、翌月から一気に満室になったのです。

それは、私がいままで自然にやってきたこと、好きなことが「仕事」になって動きはじめた最初の瞬間でした。

たった3行くらいの読者の投稿欄に、気軽に短い体験談を投稿してくれただけだったのですが、当時はインターネットも何もない時代でしたから、こういうガイドブックの情報を頼りに個人旅行する人が少しずつ増えていました。

あとで聞いた話では、投稿したのがたまたま原稿の締め切りの直前だったため、本がすぐに刊行されたらしく、そのおかげで、オープンしたばかりの私のところに予約の電話が連日入るようになったようです。

たった3行の生の体験談が私の人生を支えてくれたのです。

✿人生に悩む人の「駆け込み寺」

日本とは時差が違いますから、それからは枕元に電話を置き、赤ちゃんと幼稚園児の二人の子供の世話をしながら、真夜中でも電話やファックスを受ける毎日が続きました。

たった一人ですべてを切り盛りするのは大変ではありましたが、それは私が最初から望んでいたことです。ハードであっても体を壊すことはなく、いろいろなことを学びながら、B&Bを楽しく続けることができました。

私はハワイの大自然のなかで子育てをしながら自由に暮らしたかっただけで、ホテル経営のプロを目指そうと思ったわけではありません。

ただ、自分が生きるためにできることを心を込めて続けていくなかで、他の宿泊施設にはないセールスポイントが生まれました。

それはずばり、「人生に悩む人が訪ねてくる駆け込み寺」です。

人生相談に明け暮れる毎日

1990年代、ワイキキのような観光地ではない、郊外の住宅地に一人でやって来る日本人といえば、9割が訳ありです。

失恋、離婚、会社の倒産、家族との不和……人生を悲観して自殺すらしたいと思った人が、癒されたいと思ってハワイに向かおうとするわけですが、ワイキキのホテルで一人は寂しいし、どうしていいかわからない。でも、ガイドブックを見ると、「レイアさんという日本人の女性がB&Bをやっていて、とても親切にしてくれる」と書かれています。

こうした人にとって、私の宿はベストな条件を満たしていたのでしょう。

なにしろ、日本から遠く離れたハワイですから、誰にも言えないプライベートを口にしてもその場限りで、秘密が漏れることはありません。

しかも、相手は乳飲み子を抱え子育てをしているお母さんで、日本語もわかってい て、人気のあるガイドブックにも載っている。だから、知らない土地であってもだまされてしまうことはないだろうという安心感もあります。

そのうえ、親切に面倒見てくれて、相談に乗ってくれるとなれば、まさにすべての条件をパーフェクトに備えていたことになりますよね。

そうした成り行きで、B&Bにやって来た様々なバックボーンを持つお客様を相手に、人生相談に明け暮れる毎日が始まったのです。

どんな境遇でも必ず「プロ」になれる

Ｂ＆Ｂの経営は軌道に乗っていきましたが、人を泊めてあげることでお金をいただくことなど考えてもいなかったところからのスタートでしたから、当時はワイキキのホテルと比べて半額以下の料金設定でした。

そうしたとても安い金額をチャージすることから、自分のお金に対する抵抗を少しずつ減らしていったのだと思います。

ただ、宿泊代は安かったですが、見返りはほとんど考えず、サービスについては心を込め、できる限りのことをしていました。

まず、朝、昼、晩と3食すべてを手作りで提供し、朝早く旅立つお客様のためにおにぎりを作り、空港までの送迎をし、希望する人には、その当時の日本人が誰も知らなかったハワイの聖地に無料で案内をし、夜は人生相談に乗り……、思えば一日じゅう目の回る忙しさで動いていました。

　このほかにも宿泊される方の部屋の掃除や洗濯もあり、そのあい間に二人の子供の子育てもあり……、いま考えるとよく体一つで何役もこなせたものだと感心しますが、当時は目の前のことに心を込めることに精一杯でしたから、体の疲れはあっても精神的には情熱がみなぎっていました。

✿どうしたらその人が幸せになれるか

　人生カウンセリングも、負担になったことはありません。子供の頃からエナジーに敏感な私は、先ほどお話ししたような訳ありの相談相手には最適な人物だったのでしょう。

　不治の病になって余命がわずかであるとか、会社が倒産して将来を悲観しているとか、過去に大きな犯罪をおかしたことがあるとか、麻薬から抜け出せないとか、三角関係のもつれで揉めているとか……連日、すごい体験をしてきた人たちの話に耳を傾け、「大変だったのね」「つらかったね」と想いを寄せているうちに、その人が本当に必要としている言葉が自然に口から出てくるようになりました。

それは、目には見えない大いなる存在からのメッセージ、愛の教え、宇宙からの真実の言葉としか言いようのないものでした。

その人がどうやったら幸せになれるのか、まるで人生のすべてを知っているかのように答えが降ってくるため、私はただそれを伝えることで、ご縁のあった方たちを元気づけられるようになっていったのです。

✿心の奥にある美しい光

結果としてB&Bは十年以上続けてきましたから、人生相談をやりとりした人の数は3000人以上に及ぶと思います。

こうした経験を積むうちに、私の意識もどんどんと開いていき、すべての人の心の奥に隠れている美しい光を見ることができるようになりました。

みんなが人知れず悩み、苦しみながらも、心のなかで本当の幸せを追い求めていることがハッキリとわかるようになり、その想いを形にしていくお手伝いをすることが自分の使命であるという自覚が深まっていきました。

誰もが幸せを求めて生きている。美しいもの、純粋なものを欲している。それがその人の魂なのだから、本当のすがたなのだから、この世界に悪い人、いやな人はいないのだということも確信しました。

カウンセラーのような、看護師さんのような、心理学者のような、弁護士さんのような、哲学者のような、教育者のような……何役もの役割を演じ、たくさんの経験を積んでいくことで、私自身が宇宙から無限の愛を受け取り、体の内側からエナジーがどんどんと湧き上がるようになりました。

そうした体験がもととなって、その後、古代ハワイアンから伝えられた「フナの教え」を継承する人生へと導かれていったのです。

世の中のお金とエナジー交換するには

いつしか私の宿は、何回もリピートしてくる人たちと、一度でもお泊りになった人たちからの紹介でつねに満室の状態になりました。

その間、泊まっていただいたお客様からは、お礼の手紙やファックスが一日中途切れることなく送られてきました。

プロのカウンセラーだとしても、プロの弁護士だとしても、そうした仕事は相談の時間が決まっていますが、私の場合、文字通り寝食をともにしながら、ほとんどエンドレスの状態で一日中聞いて語っていくわけです。

それは、他人の人生を背負っていく、本当に密度の濃い時間でした。

そうしたお客様のなかには、初めて泊まっていただいた時は学生だったのに、その後恋人を連れて戻ってきて、結婚して、一人目の子供が生まれ、二人目、三人目と家族が増えてゆく姿を見せてくれた方もいます。

泥沼の底辺から立派に立ち直ってビジネスで成功された方、更生して社会復帰できた方、いつの間にか有名なフラの先生に成長した方、大病を克服して元気になられた方、風俗の世界から足を洗って幸せな母親になった方……。

「さまざまな方の人生を生で体験しながら、その人たちを愛で導いていくなんて、本当にすごい体験をしているな」と何度も思い、そのたびに言いようのない感謝の気持ちが湧いてきたことを思い出します。

✿人生相談の宿からセミナー運営へ

その後、もっと交通の便の良いところに引っ越したいと思い、１９９５年に同じオアフ島のいまの家に移りました。

私の体験を一人でも多くの方にシェアしたいという気持ちが強くなり、真剣にセミナーの開催を考えるようになったのは、その頃のことです。

その間、生活するためにお金のエナジーとつねに関わりあっていくなかで、お金に対する想いも徐々に変わっていきました。

本当に価値のあるものを価値のわかる方に心を込めて提供することで、お金というエナジーの交換がスムーズに動きはじめる。……仕事でお金をいただくことに人一倍抵抗のあった私は、この真実を学ぶために、十五年以上の月日を費やしました。ですから、お金でつまずいている人の気持ちが痛いほどわかります。

私自身、お金と向き合い、生活してきたことで、さまざまなことを学び、いまやっと素直な気持ちで自分の価値を認め、お金を美しいエナジーとして受け取ることに喜びを感じられるようになりました。

そして、いただいたお金を寄付などで世の中に還元していく方法もわかるようになりました。お金を他の人のために役立てることで、罪悪感や後ろめたさなどを持たずに、堂々とお金の話ができるようになったのです。

✿自信を持ってできることに心を注ぐ

私が意識してきたのは、自分が自信を持ってできることに心を注ぎ、まわりの低次元のやっかみや噂に耳を傾けることなく、正々堂々と進んでいくということです。損得を考えずに、愛だけを与え続けることです。

こうして身につけてきた「生きる力」が、いまの私の活動の根底にあります。

できることをやったら、あとは宇宙のお導きを信じてサインをつかんで進むだけ。

大丈夫、絶対に何とかなる。……それは、私自身が生きるなかで繰り返し実感し、確信してきたことでもあるのです。

誰もがみんな幸せになるためにこの世に生まれてきたということ。

悩んで苦しみながらも愛を求めているということ。

すべての人が美しい魂を持っているということ。

こうした真実を知るために、ご縁をいただいたハワイの地で誰よりも貴重な体験をさせていただいたと思っています。

金額以上の価値を生み出すには

エナジーはすべてのものに宿っていると話しましたが、人の場合、それがその人の体や心の状態になって現れます。

なんとなく元気なさそうだったり、逆にイキイキとしていたり……誰もが感じとっていることだと思いますが、人と深く接していくと、その奥深くにある本心や、その人の秘めた能力などが感じられるようになります。

これは、モノに対してもまったく同じことが当てはまります。

お金がエナジーであるとお話ししましたが、そのお金によって扱われているモノ（商品）にも、それぞれエナジーは宿っています

たとえば、コンピューターなどで精巧に計算されてつくった仏像よりも、職人のつくった手彫りの仏像のほうに価値を感じることが多いでしょう。

すばらしい芸術作品を見て感動し、「この作品には魂がこもっている」と思わず口

にしたこともあるはずです。

それは決して観念的なことではなく、その作品にエナジーが宿っているからそう感じているのです。

「なんだかここいると心地いい」「これを持っていると元気になれる」「この人といると安らぎを感じられる」……そういった感覚の延長上でモノの価値、値打ちと呼ばれるものは決められています。

私たちはモノの原価ではなく、宿ったエナジーに値段をつけているわけですね。

エナジーで商品の価値は決まる

世の中にはこうした値打ちのわかる人がいて、その人は実際に値打ちのあるものに引き寄せられるようになっています。

それが宇宙の法則でもあり、そこには必ず需要と供給が存在します。何でも安く売ったほうが儲かるとは限らないのです。

安売りが悪いというわけではなく、安売りする場にはそれが好きな人が集まり、その波長のなかでエナジーが動きます。

その一方で一流品や本物に惹かれ、「値段が高くても構わないから手に入れたい」という人もいるでしょう。ブランド品が大事にされているのは、そこに高いエナジーが宿っていると感じられるからです。

いい原料を使っているから素晴らしいわけでなく、いい原料にはいいエナジーが宿っています。しかも、そうしたエナジーの高い原料を使って製品に仕上げる職人さんのエナジーもそこに加わります。

✿自分自身の値打ちをあげる

そこでも同じ波長のエナジーが引き寄せあい、そのなかでお金が動きます。

高価なものはお金さえ出せば手に入りますが、自分自身のエナジーを上げておかないとうまく釣り合いません。

自分を磨いた証としてお金を手にし、それに見合ったものを手に入れるというのが自然でしょう。自分自身にも、お金にも、手に入れたモノにも、同じようにエナジーが宿り、つねに循環しています。

　エナジーのことがわかってくると、こうしたつながりが実感できるようになり、特定の絵画や骨董品になぜ驚くような価値がつくのかもわかってきます。当然、お金の意味もより深く実感できるようになるでしょう。

「こんなものがなぜ高く売れるのか？」と思うことがあるかもしれませんが、自分のエナジーを上げていくと自然と納得できるようになります。

だまされてしまう人は人の言葉を鵜呑みにせず、本物を見極められるようにエナジーを高めていきましょう。

　あなたがエナジーを高めた分だけ、エナジーの高いものが集まってきます。その共鳴のなかで、あなた自身の魂が磨かれていきます。

お金よりもエナジーを大事にする

私たちの思いが加わることでモノに宿ったエナジーは変化し、金額以上の価値を生み出すことがあります。

たとえば、**同じ一万円の品物であっても、手に入れた人が幸せになり、感謝の気持ちが加われば、そのエナジーは何十倍にも変化するでしょう。**その価値はもはやお金では測ることはできなくなります。

それは、エナジーの世界ではつねに起こっていることなのですが、モノにばかりとらわれるとつい見落とされてしまいます。

実際、自分のしていることに愛情や情熱を注いでも、それがそのまま売り上げに反映されるとはかぎりません。過去の様々な芸術作品を見ても、エナジーの高いものが正当に評価されてきたとは言い難い面がありますね？

だから、「お金がすべてだ」と考える人も出てくるのでしょうが、そうした本質を見極める力や情熱は決して無駄にはなりません。

私たちが感動をしたり、元気になったりするのはお金の力ではなく、エナジーの力によるものです。エナジーを大事にしなければ幸せにはなれず、そもそもお金を稼ぐ力も湧いてこないでしょう。

お金以上に価値のあるもの

あなたのなかにエナジーを感じとる力があるのなら、すばらしいものに触れたいと思うだけでなく、自分もそうしたすばらしいものを生み出したい、そうした仕事に関わりたいと思うはずです。

それはお金には反映しきれない何かです。エナジーは目には見えませんから、そんなものは信じられない、思い込みにすぎない、それよりも目先のお金が必要だという人の気持ちを変えることは難しいかもしれません。

エナジーなんて考えなくても仕事をしてお金が手に入るだけでも十分にハッピーなことですから、その言葉にも説得力はあります。

でもそれ以上に、自分の提供したものに対してこんなに感謝してくれた、こんなに幸せになってくれた、こんなに素晴らしい体験ができたといった声を聞くことができたら、どうでしょうか？　その見えない力によってあなたのエナジーが何倍にも増幅され、大きな幸せに包まれるはずです。

あなたにとって、どちらが大事でしょうか？　あなたはどんな想いで、この世界のエナジーと関わりあっているでしょうか？

✿「自己満足」の大切さ

自分の好きな仕事なのかどうかを自問することも大事ですが、その仕事によってエナジーが伝わっていくことで、たくさんの人が笑顔になり、幸せになるのであれば、それは必ずあなたを豊かにします。

ですから、どんな仕事でも、心を込めることに躊躇をしないこと。

それは金銭的な見返りに十分につながらないこともありますが、そこに注がれた愛情と情熱のエナジーはいつか必ず形になります。自分が発したものは必ず戻ってくる、それが宇宙の法則なのですから。

「いくら気持ちを込めても目に見えないのなら、自己満足でしかないのではないか」「そんな甘い考え方で世の中が渡っていけると思ったら大間違い」と思った人もいるかもしれません。

でも、宇宙の真理を知れば、その自己満足こそ大事なのだということがわかります。

自己を満足させること、それがどれほど価値のあることなのか……。どれほどのエナジーが必要となることなのか……。

なぜなら、自己に満足するということは自分を認めるということです。

自己を満足させてあげるところからすべてが始まり、その自己が満たされたものを人にも伝えていくことで愛のエナジーは伝播していきます。

そう、自己満足でいい。徹底的に自己満足することを求めればいいのです。

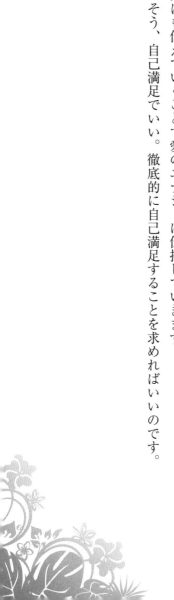

レイアのエナジー法則 4

1. お金はニュートラルなエナジー。あなたの感情によって、お金はきれいにも汚くもなります。
2. お金を儲けることより、「お金を手にしたら何をしたいのか」をまず意識しましょう。
3. ワクワクすることをしていけばエナジーの交換が生まれ、必ずお金に変わります。
4. 自信と誇りこそ、あなたのエナジーの源です。あなたにはお金を動かす力があります。
5. お金を手放すときには執着せず、入ってくるときは素直に受け取ること。
6. 財布の中身が減ってしまっても、あなたのエナジーまで損なわれるわけではありません。
7. エナジーの貯金ができれば、使った分以上のお金は必ずあなたに返ってきます。

第5章

ソウルメイトはなぜ必要なのか

パートナーと出会う極意は「探さないこと」

私たちは、何かを所有することで幸せを感じるところがあります。

でも、それは裏を返すと、「何かを持っていなければ幸せになれない」という思いにつながるでしょう。本当は幻想にすぎないのですが、私たちは人と比べ、所有していない自分に劣等感を持ってしまいます。

なかでも根強いのが、「一人では寂しい」という思いかもしれません。

それは、物理的に一人であるということ以上に、「身近なところに自分の存在を認めてくれる人がいない」ということがつらいのでしょう。

多くの人にとって、自分を認めてくれる人の象徴が恋人であり、パートナー、伴侶、ソウルメイトと呼ばれる存在なのだと思います。

「ソウルメイトにめぐり会いたい」「誰かと幸せに結ばれ、ともに生涯を過ごしたい」

……そう思うこと自体は、とても自然な感情です。

そうしたソウルメイトをどうやって見つけるのか？　その方法や秘訣について考えるのが一般的な発想かもしれませんが、じつはそこに大きな落とし穴があります。肝心なところを勘違いしやすいと思うのです。

いなくてもハッピーになる

たとえば、「ある日突然に白馬に乗った王子様が自分のもとに現れる」という、一見、おとぎ話のようなイメージがありますね？　この表現は必ずしも間違ったことではなく、真理をついている部分もあります。

なぜなら、白馬の王子様＝ソウルメイトは探して見つかるものではなく、あなた自身がエナジーを高め、引き寄せると現れるものだからです。

自分が探すのではなく、相手のほうがあなたを探して、あなたのもとにたどり着くと言ってもいいかもしれません。信じられないと思うかもしれませんが、ここに理解してほしい大事な真実が隠されています。

ところが、ソウルメイトは引き寄せるものだということが真実であったとしても、現実にはそう簡単に白馬の王子様は現れてくれません。

なぜ白馬の王子様が見つからないのか？　それは、あなた自身が「王子様がいなくても自分はハッピー」と思っていないから。そう、足りてないと思っているから探しているんですね。

王子様がいないと自分は幸せになれない、だから、何とかして探さなきゃ。いったい、どこにいるんだろう？　誰か教えてくれる人はいないかしら？　……おそらくそんな発想ではないでしょうか？

あなたはすでに満たされている

恋人が欲しいと思っている人は、足りないものを「理想の相手」で満たそうと思っているかもしれません。

でも、あなたは足りない存在でもなければ、空っぽな存在でもありません。あなたはすでに必要なものが与えられて満たされているのです。

いまの自分にはとてもそう感じられなかったとしても、でも、宇宙の法則に照らし合わせたならば、それが真実なのです。

ですから、まずはあなたのなかにエナジーが満たされていることを信じましょう。そのエナジーがソウルメイトを引き寄せる力になるのです。

自分が満ち足りていないというところから出てくる発想では、宇宙の法則を活用しきれないため、なかなか求めているところにたどり着けません。寂しいなと思ったら、ますます寂しさがつのってしまうだけなのです。

だから、少しだけ前向きになってみましょう。

何も持っていないときに「それでいいんだ」と思えることが、必要な人と出会える最初の一歩になります。

すべては肯定からスタートする。それがパートナー探しの第一歩です。

「素敵な出会い」はこうしてやってくる

ここで、宇宙の法則についてもう一度おさらいしましょう。

宇宙の法則は完璧であり、その法則のもとでは必要なときに必要なものが与えられています。その意味では、この宇宙はすべて満ち足りており、何かが足りない、だから補ってバランスを取ろうという方向には働きません。

どんなものにも宇宙のエナジーは等しく働いているわけですから、すべてはその前提に立って考えなくてはなりません。うまく実感できないというのなら、最初のうちは信じられなくてもいいのです。とりあえず、そうした前提に立ってパートナーの存在について想像してみてください。

自分だけでは完璧でないから、不足していてアンバランスだから、補ってもらえる存在が欲しいというのでは、宇宙の法則とずれてしまいます。

ですから、ここではまったく逆の発想をしてみましょう。足りないから探すのではなく、満ち足りているのだからもう探すのはやめてみようと。

満ち足りているという前提に立つと、あとはもう、自分自身の内面にあるものを引き出し、自らを輝かせることが大事だとわかります。

花の甘い蜜に蜂が集まってくるように、**自分が輝くことができれば、そこにはその輝きを求めた人がたどり着いてきます**。

自分を輝かせることだけを考え、そのためにできることにトライしてみる。そうした意識があれば、あなたはもっと素敵になっていくことができます。

そこに大きな意識の転換があることを理解しましょう。いまの自分を大事にし、その存在を認められるようになった時、パートナーは求めていなくてもやってきます。

そういうタイミングは、信じていれば必ず訪れます。

まず自分を磨くことから始める

これは、異性との出会いにかぎった話ではありません。

あなたが人生のなかで素晴らしい人にめぐり会いたいと思ったら、あなた自身が素晴らしくなるという気持ちでいる必要があります。

当たり前の話ですが、そうやって素晴らしいエナジーが出せるようになることで、同じエナジーの人が引き寄せられてくるのです。逆に、あなたのエナジーが変わらなければ、何も変化は起きないでしょう。

そう考えると、愛されるために相手に気に入られる努力をしなくてはと強迫観念を持っている人は、それを見直したほうがいいことになりますね。

誰かのためではなく自分のために、自分が魅力的になるために努力しましょう。そのために何ができるのかを考えるのです。

✿自然体で輝ける自分を目指す

好きな人とすでにおつきあいしている場合も同様です。嫌われないように振舞っているだけでは、いつまで経っても窮屈です。

そうではなく、つねに自然体でいること。

嫌われるのが怖いという意識から離れ、少しずつでもいいので、自分らしくいる努力をしましょう。

自然体で輝ける自分、自分のことを信じられる自分、自分のことを愛せる自分。……そんな自分と一緒にいるほうが、ずっと楽しいはずです。

自分のことを少しずつ認めてあげて、自分の良いところを最大限に輝かせることができるよう、自分自身をつねに磨いていきましょう。

そうやって自分を好きになる努力をしたほうが、相手のこともそのままの自然な姿を愛することができるようになります。ソウルメイトが欲しかったら、外に何かを求める思いを方向転換させ、自分の内側へと目を向けていくのです。

自己の内側を磨き、エナジーが高まってくると、心も体も充実していき、寂しいという感覚は徐々に薄れていくでしょう。

ソウルメイトと出会う最高のタイミングは？

愛する人に出会いたいと感じているのになかなかめぐり会えないのは、あなたのなかにほかにするべきことがあるからです。

人であっても、モノであっても変わりません。欲しいものが手に入っていないのではなく、それはすでにあなたの手の届くところにあるのです。手にできていないのだとしたら、あなたのなかでまだ準備ができていなかったり、いますぐ必要なものではなかったり……そこには必ず理由が存在します。

たとえば、自分の部屋を片付けてなければ、そこにお客さんを招いても座るところも用意できませんね。

お客さんに来てほしいのなら、ゴミを捨てたり、雑巾がけをしたり、まず散らかった部屋を片づけないとならないでしょう。

掃除もしていないのにお客さんを呼ぼうとしたら、とてももてなすことはできませ

ん。だから、神様はストップをかけます。

私たちは、人生のパートナーに対して「相手が自分を幸せにしてくれるだろう」と期待したり、あるいは「自分が相手を幸せにしてあげなきゃ」と責任感を持ったり、意識がどうしても相手の側に向かいがちです。

どちらにしても、外側に目を向けていることがわかりますね？　残念ながら、それでは部屋は片付けられません。あなたの心のなかは散らかったままです。

宇宙の法則から見ると、どちらもバランスが崩れていますから、なかなか引き寄せは起こらないのです。

✿大事なのは「ふっと肩の力が抜けた瞬間」

人に愛情を求めたり、逆に自分をおざなりにして人にばかり愛情を注いだり……。そんなパターンに陥ってしまっているのを感じたら、相手がどう思うかよりも、自分がどう感じるかを優先しましょう。自然体の自分を基準にするクセをつけるだけでも、十分に部屋の片付けにつながります。

自分自身が輝いていれば、縁のある人が自然に引き寄せられ、あなたという存在は必ず見つけてもらえます。

ですから、自分自身を輝かせる方法を一生懸命探してみてください。

自分を磨いていくうちに心が軽くなってくると、自分を磨くこと自体に幸せを感じるようになってきます。

そうすると、「ソウルメイトを探したい」という気持ちが第一目標ではなくなっていき、「そういうことがあったらラッキーだよね」というくらいの、選択肢の一つに変わっていくこともあります。**じつは、そんなふうにふっと肩の力が抜けた時、あなたに必要な出会いがあるのです。**

あれほど欲しいと思っていたものから心が離れた時、ソウルメイト、恋人、人生の伴侶と呼べる存在と思わぬ形で出会うことになります。ですから、探す必要も、追いかける必要もないのです。

✿自分を輝かせることだけを考える

執着しているものから離れようと思っても、簡単に離れられるものではありませんから、「そういうこともあるかもしれないな」と思う程度にし、肩の力を抜くこと。そこに期待しすぎてもいけません。

それが難しいと感じるところかもしれませんが、心のなかにあるものを頭で分析しようとせずに、自分を輝かせることだけを考えればいいのです。

輝かせるということは、むやみに頑張ることではなく、自分らしくいること。無理をせず、いまの自分を認めてあげること。

あなたが自然体を心がけ、自分らしく充実した人生を歩んでいこうとしていれば、ある瞬間、出会いのタイミングは訪れます。

そのときのあなたは、出会った瞬間に「この人だ！」と確信するかもしれませんし、逆に、意外なほど淡々としているかもしれません。

あるいは、あまりドラマチックな出会いではないため、そんなに大事なものだと気づかないかもしれませんが、ギフトはさりげなくやって来るものです。それを心の片隅に置きながら、いまやりたいことにトライし、ワクワクした気持ちで毎日を過ごしましょう。

一人でいることは寂しいことじゃない

幸せそうなカップルを見てつい不安になってしまう人もいるかもしれませんが、「誰かに愛されないと心は満たされない」というわけではありません。

そうではなく、誰かがいればより満たされる。つまり、自分ひとりでも幸せだけれども、二人でいたらもっと幸せ……。

「自分ひとりになってしまったら不幸だから、誰かと一緒にいたい」という状態から、**「自分ひとりでも幸せだけど、他の人がいたらもっと幸せ」**というふうに、自分の心をプラス思考に切り替えていきましょう。

一人でいるのが怖いと思っている人は、まず勇気を持って一人を感じてみましょう。

一人であることを認め、現実を受け止めたうえで、自分の体のなかにも、この世の中にも、この宇宙にも同じエナジーが働いていて、ただそれだけで十分に満たされているんだと感じてみる。

「一人でも思ったほど寂しくないな」「結構平気なんだな」と自問してみるだけで構いません。「寂しいけど一人なんだから我慢しなきゃ」ということではなく、まずは自分を生かしているエナジーを意識してみるのです。

パートナーがすでにいる人も、時々そうした一人の時間をつくって自分の内なるエナジーを感じるといいでしょう。

✿エナジーを満たすと寂しさは消える

内なるエナジーを感じるには、これまでお話ししたように、日頃から自然を意識することが大切になってきます。

寂しさを感じてしまったら、むやみやたらに人との出会いを求める前に、きれいなもの、美しいものに接することを心がけてみてください。自然に触れることが一番ですが、美しい絵画や音楽を聴くことでも構いません。

そうやってエナジーを充電できていたら、寂しさというものはあまり感じなくなってくるものです。エナジーが内側に満ちていれば、その分、宇宙とつながっていることになりますから、自然と寂しさは消えるのです。

忙しさで寂しさを紛らわすのではなく、**エナジーを内側にためていくことで本来の自分に戻り、寂しさから離れていく……**この違いを理解しましょう。

自立心の強い人のなかには、一人で十分に満ち足りた生活を送っている人もいるかもしれません。また、過去に大恋愛したことがあったとしても、いまはあまり興味がなく、仕事一筋で頑張っている人もいるでしょう。

充実した人生を送っているのであれば、寂しさは感じないかもしれません。でも、ふと何か物足りなさを感じたら、その時は、心を愛で満たしてバランスをとるようにしましょう。

結婚を目標にしなくても、気軽に恋する気持ちを楽しむぐらいの心のゆとりがあると自然にバランスが取れていきます。

そう、何事もバランスなのです。ことさらに一人でいることにこだわったりせず、必死で誰かを追い求めるのでもなく、「ソウルメイトと出会えることもあるかもしれないな」と、心のなかの扉を少しだけ開くようにしてみましょう。

✿恋愛に年齢は関係ない

年齢や環境などのせいにして、「もう恋愛なんてできない」「自分には必要がない」と諦めてしまっている場合も同様です。

心のなかを自由にして、自分を磨く気持ちを忘れないようにしていると、それだけで心にうるおいが生まれます。

いくつになっても、ロマンチックな思いを持ち続けましょう。それも自分を信じることにつながり、生き方の可能性は広がっていきます。

思うことは自由です。何にも縛られる必要はありません。孤独を楽しむのもよいのですが、趣味のサークルに顔を出すとか、ボランティア団体に所属するとか、パーティーに出席するとか、人とつながる方法はたくさんあります。

問題は内なるエナジーをあなたが感じられているかどうかです。

一人暮らしでも楽しいけれど、誰かが遊びに来てくれたらもっと楽しい。そんなふうにすべて満たされたところから発想し、自分の活動の幅を広げていきましょう。

「恋愛パターン」を変える意外な秘訣

「恋は盲目」という言葉がありますが、誰かを好きになったとしても、感情に振り回されているとあまり幸せにはなれません。

そうした時、自分の判断力はどこかおかしくなっているのが普通です。

相手の気持ちも、自分の気持ちも、ハッキリとは見えないわけですから、思うようにはいかず、つまずいてしまうのは当然のこと。正しい判断ができてしまうほうがまれなことだと思ったほうがいいでしょう。

だから、失敗を体験してもいいのです。ただ、その人が失敗するパターンが必ずありますから、それを理解して変えていくことが必要です。

たとえば、本当はすばらしいパートナーに出会いたいのに、いろいろと問題を抱えている人ばかりとつきあってしまう人もいるでしょう。

そういう女性に限って、「女癖が悪いって評判だから、つきあうのはやめなよ」と言われても、「でもね、彼はわたしがいないとダメなのよ」と思って、最後は「やっぱり騙された」「だから言ったじゃない」という話になったりします。今度こそはと思いながら、それを何度も繰り返してしまいます。

ノーと言える勇気を持つ

つまり、それがその人のパターンなんですね。それはその人の魂の課題ですから、パターンがあることに気づき、行動を変えられるようになるまでは、よく似た出会いを繰り返すことになります。

あなたがノーと言えず、いやなのにずるずると関係を続けてしまうのだとしたら、ノーと言えるようになることが魂の課題です。

誰とどうつきあうかを考える前に、自分自身に必ず課題があることに気づき、それを変える勇気を持ちましょう。

引っ込み思案で恋愛がうまくできないのだったら、恋愛にこだわらず、もっと自分がラクにできそうなことで、ちょっと新しい空気を吸ってみる。習い事を始めたり、旅に出たり……そこで一歩踏み出してみる。

知らない人に話しかけたり、新しい文化に触れてみたり、そんなささいなことでも、あなたのパターンは変わっていきます。

自分のパターンを変えるために、そうやって新しいものにトライするのです。ノーと言えない人は、そこでノーと言える自分をつくっていくのです。

「どうやったら」を問う前に

あるいは、言いたいことばかり言って相手のことを傷つけてしまうパターンがあるのだったら、ほかの場面で優しい言葉が話せる練習をしましょう。

ただ何となく人と接しているだけでは日常は退屈なままですが、自分のパターンを変えるための素晴らしい経験だと思ったらどうでしょうか？

そんなことといやだとか、興味ないと思うようなことであっても、自分のなかに目的意識があると関わる意味は自然と変わってきます。

パターンが変えられないということは、それだけ頑固だったということです。

いままで頑固にガードしていたために見えていなかっただけで、本当は「ここで前に踏み出せば」というサインはたくさん出ていたはずです。それに気づき、行動することで、あなたは違う場所に導かれます。

これまでと違った出会いは、あなたの内面が変化することでやってきます。その点を無視して、「どうやったら出会えるか」と外に目を向けている限り、うまくいかないパターンはずっとなくなりません。

恋愛関係に行き詰まりを感じたら、自分自身の目線を変え、関わる世界を少しずつ広げていきましょう。新しい環境のなかで自分のなかにあるものを上手に壊していきましょう。そうした挑戦が、恋愛がうまくいく秘訣につながっていきます。

「自分一人の力」はここまで素晴らしい

私たちは一人で生まれ、一人で生きて、一人で死んでいく存在です。

たとえ家族がいても、たくさんの友人に囲まれていても、最終的には自分の人生を自分で選択しながら一人で生きています。

パートナーがいる場合でもそれは変わりません。その点を自覚することが、自分自身を信じて生きるための大事な核になります。

人生は、自分の向かっている方向に不幸が待っていると思うと不幸な方向に進んでいってしまいますが、ほんのわずかでも「自分は大丈夫」と思うと、それとは違う道が見えるようにできています。

車を運転する時、道の遠くにカーブが見えたら、意識しなくてもハンドルをカーブする方向に切っているものです。カーブの直前でいきなりハンドルを切ることはありません。徐々にその方向に進むように体は動いていくんですね。

ほんの少しでもポジティブな思いを持てば、その方向にハンドルは切られます。あなたの意志一つで進む道は変わってくるのです。

すべては意識の力ですから、あなたがそれを信じさえすれば、現実はいかようにも変えていける、私たちはそれだけすごい力を持っているのです。

✿「自分を信じる」経験を積みましょう

「一人で生きている」という言葉の裏には、「あなたはそれだけすごい存在なんだよ」というポジティブなメッセージが込められているということです。

「自分はダメだ」と思っていると、そのダメだという方向に自然に流れができてしまい、ダメだ、ダメだと繰り返すことで、どんどん引き込まれてしまうところもありますが、修正することは可能ですから心配することはありません。

たとえば、これまでの人生でいちばん最悪だと思うことがあったとしても、次にそれよりももっとひどいことが起きると、「いまの体験と比べれば、あの時は本当は最悪じゃなかったんだな」ときっと思うことでしょう。

つらい出来事というのは、いままでのレベルから卒業できるかどうか確認するための体験ですから、その人が乗り越えられないことは起こりません。難しい課題が与えられた場合には、それだけ自分のレベルが高いのだと理解して、天使の助けを求めて乗り越えましょう。

どんなにつらいことがあっても、**「本当にダメだ!」というところまでにはかなりの距離があります。ですから「自分はここから幸せになっていくんだ」と信じ、助けを求めれば、必ずつらい状態から抜け出すことができるのです。**

✿光の方向にハンドルを切る

ヘッドライトに光をともして先を見れば、目指すところに必ず進んでいけます。いままでも、そうやって何度も曲がりくねった道をうまく通り抜けながら歩んできたから、あなたはいまここにいるのです。

どんなに信頼する人がいたとしても、何かを決断する場面では、結局のところ最後は自分自身です。**自分を信じ、自分の判断で、光の方向にハンドルを切らなければな**

りません。

そこで求められるのは厳しい訓練のようなものではなく、とてもシンプルなこと。コツコツと体験を積み重ねていくなかで「これでいいんだ」と実感し、少しずつ体に染み込ませていくことだけです。

ダメだという状況を乗り切る経験が増えてくると、もしダメだと思った時に奇跡的に何とかなることがわかっていきます。

ちゃんと経験しない人にかぎって、そうした奇跡を信じませんし、ありえないと否定しますが、信じる力、思う力は次に現れる現実を変える力を持っています。だから、それを自分に体験させてあげればいいのです。

日常のなかで、奇跡は毎日起こっています。私たちは、夜眠るときに翌朝目覚めるのは当たり前だと思っていますが、寝ている間に心臓が止まってしまうこともなく、朝になったら普通に目覚めることは奇跡だと思いませんか？

毎日いろんな体験を乗り越えていまここにいるということは、本当に奇跡的なことなのです。それがわかってくると、これからも何でも乗り越えていけることもわかるはずです。

「別れ」のなかから学べること

生きているかぎり、出会いがあれば別れがあります。

あなたが内なる声を聴き、魂レベルで自分の進む道を追求していくと、これまでつきあってきた人と別れなければならないことも出てきます。信頼できると思っていた人と波長が合わなくなってしまうこともあるでしょう。

あなたのエナジーのレベルが変われば、その波長に合わないエナジーの人は離れていきますが、それは別れるとか、失うといったネガティブなことではなく、自分が輝いていくための一つの大切な流れなのです。

つらいかもしれませんが、感謝の気持ちを持って、これまでつながっていたものを解き放っていきましょう。

誰と別れようが、失うものは何一つないのです。最初からあなたは一人でこの世界にやって来て、一人でここから旅立っていきます。

一人といっても本当の意味では孤独というわけではなく、大きなところではすべてがつながっています。ですから、目の前の出会いと別れに必要以上に一喜一憂せず、自分の道を進むようにしましょう。

✿心を開くことの本当の意味

私たちはこれまで生きてきた価値観が捨てられず、別れに対して意固地になったり、世間体を気にしたり、さまざまな理由で殻から抜け出すのを怖がります。

「自分のことは自分にしかわからない」と言いますが、それが執着や意固地になった状態から発せられたものであれば、ただ心を開くのを拒んでいるだけです。

あなたを変える力があなた自身にあることを忘れてしまっているのです。

心を開くのを拒んでいる人は、自分の内側に目を向けられず、逆に自分のことがわかっていないことが多いものです。孤独に悩んだり、苦しんだりするのは、自分に目を向けていない結果でもあるのです。

そうした殻から抜け出したいと思ったならば、**「自分は孤独ではない。自分と同じ**

ように感じている人は、世の中にたくさんいる」と気づくこと。

自分だけが特別なわけではないと、少し引いた目で自分をとらえるようにしたほうが理解してくれる人は現れやすくなります。

自分のことを理解してくれるパートナー、ソウルメイトになぜめぐり会えていないのかといったら、それは自分が心を開けなかったからだと気づきましょう。

といっても、何でもかんでも自己主張をすればいいわけではありません。

✿縁があれば必ず出会える

「困ったら天使に助けを求めましょう」とお話してきましたが、自分の心が閉じているのに、何かにすがりついて「何とかしてください」と懇願することではありません。

助けを求めるのは、自分の内側にあるものに気づき、天使のサポートで導かれながら生きていくためです。

好きな人が現れたとしても、無理やり何とかしようとする気持ちから離れ、**まず自分の内側に目を向け、「このままでもいいんだよ」という気持ちを持つこと。**

縁があれば必ず出会えるのですから、いや、出会えても出会えなくてもあなたの幸せは何も変わらないのですから、「こうでなければならない」という意識をほぐし、文字通り、自然体を心がけましょう。

難しいと感じることがあっても、自分を責めないこと。一つ一つの経験があなたをきっと強くしてくれます。ですから、つねに自分を信じること。自分を守ってくれる存在を信じ続けること。

これまで繰り返してきたように、生きることはすべてバランスです。

一人でも自分らしくあることと理想のパートナーを求めること、どちらにも気持ちを偏らせすぎず、自分を肯定する気持ちを忘れないこと。それがあなたに幸せをもたらしてくれる、いちばん大事なカギになります。

私の人生を変えた師との出会い

この章の最後に、私に大きな影響を与えたソウルメイトの一人でもある、エリース・マヌハアイポ・カーン博士との出会いについてお話しすることにしましょう。

私はハワイで暮らすようになった当初から、この本のベースにある「フナの教え」について様々な師から学んできました。

私がセミナーで指導している「ロミロミ」も、一般的にはハワイに伝わるヒーリング・マッサージとして知られていますが、**古代ハワイアンにとっては心身を浄化し、魂を癒す生き方の知恵**でした。

私自身、ハワイの自然と接するなかでロミロミを深く理解し、その素晴らしさを一人でも多くの日本の方に伝えたいと思うようになったのですが、「日本人向けにロミロミの講座を開いても、はたして本当のロミロミの基本を学びたいという生徒さんがどのぐらい集まってくれるだろうか」という思いもありました。なぜなら、日本人には「ハワイアンの伝統文化はネイティブ・ハワイアンから学ばないと本物ではない」という意識があることを感じていたからです。

セミナーに申し込んでくる方は、はるばる海を越え、お金と時間を使ってロミロミの本場であるハワイまでやって来るわけです。その方々に本当のロミロミを伝えるには、日本人の生き方を理解し、そのうえでわかりやすく教えることができるハワイアンのクム（先生）を育てることから始めなければならないと思いました。

その当時でも、ロミロミを教えてくださるクムは何人か存在しましたが、こうしたクムはハワイアンの血筋であっても、キリスト教文化を背景に育ったアメリカ人です。アメリカ人のクムが聖書の教えに基づいて英語で行う授業を、さらに日本人の通訳さんが訳すという内容では、日本人にとって奥深い本質にたどり着けない場合が多いのが現実でした。

日本には、古代からの神道の教えに象徴される、ご先祖様や大自然を敬う気持ちが根づいていますから、それがハワイアンのロミロミを理解するうえで大変に貴重な基盤になっています。

ですから、「日本の文化や歴史を理解し、さらにハワイの大自然のパワーを感じることができる講師が日本語でわかりやすくロミロミを教えることができたら、日本人は世界で一番ロミロミを理解できるはずだ」「ロミロミを通じて生き方の智慧を学ぶと同時に、愛にあふれたロミロミのセラピストを育成することも不可能ではない」と確信していました。

ロミロミは、テクニックだけではなく、そのバックグラウンドにある大自然の叡智そのものです。それなのに、真の癒しの原点であるロミロミを伝えているスクールがどこにもないのは大変にもったいないことだと思ったのです。

そのため、クムを務められるハワイアンを探すことからスタートしたのですが、なかなか適任が見つかりません。

それでも、なんとか講師を務められそうな看護師の女性を見つけてセミナーをスタートするに至りました。ただ、私のセミナーは、ロミロミのテクニックを伝えるだけではなく、受講生の人生を最高の幸せに導くことを目的としていますから、講師として愛と智慧のすべてをつぎ込むという覚悟がないと務まりません。

残念なことに、その労力を考えるとビジネスとしてお金儲けができないことに不満を抱いた彼女は去っていきました。その後も必死で講師を探し求め続けたのですが、その時、**「むやみやたらに探そうとして求めても、欲しいものは見つからない」**という宇宙の法則を思い出しました。

そこでふっと思い立ち、ネイティブ・ハワイアンのヒーラーであるカーン博士に相談に行くことにしたのです。

✿私の養女になりなさい

カーン博士は、カウアイ島の出身。優れたサイキック能力を持ち、しかも、ハワイアンのスピリチュアリティに関して大変権威のある形而上学博士でもありました。

これまで何度も彼女からフナの教えを授かったことはありましたが、私にとっては個人的な相談を気軽にできる相手ではありません。

まずは経緯を話し、日本人にロミロミの本質が伝えられる優れたクムになれる人を紹介してほしいとお願いしましたが、カーン博士は私の話を一通り聞いた後、不思議そうな顔をして、「いったい何が問題なの？」と事もなげに言います。

「あなたがやればいいじゃないの」

「いや、日本人はブランド志向ですから、ハワイアンの講師を立てないと生徒さんは集まってくれないと思います」

「何を言っているの？　あなたは誰よりもロミロミを理解しているじゃないの」

そんなやりとりを繰り返すなかで、カーン博士から「あなたがハワイアンであることにそれほどこだわっているのなら、私の養女になりなさい」という思いがけない言葉が返ってきました。

ハワイアンの間では、こうした養子縁組は「ハナイ」と言って昔から当たり前のように行われてきましたから、決してありえないことではありません。ただ、ハワイアンのスピリチュアリティの第一人者であるカーン博士の継承者になりたい人は山ほどいるわけですから、ご本人からこの言葉をいただいてとても感動しました。

✿真実のロミロミを伝える

彼女は「あなたには真実のロミロミを伝える資格があるのよ。今日からあなたは私の娘です」と言ってくれたのです。そして、ロミロミの継承者というのは大自然が選ぶもので、神様が与えてくれたギフトは世のために使わなくてはならないということも教えてくれました。

私自身、カーン博士とは深い部分でつながっていることを感じていましたが、「ハワイアンでなければ本物のロミロミを教えようとしても生徒は集まらない」という思い込みを消すことができず、それが自分の価値にためらいを持つことになっていたのだと改めて気づかせてくれたのです。

そうした私の思い込みを察した博士は、その後、一緒にハワイアン・フットセラピー（ロミ・ヴァーヴァエ）のビデオを制作したり、フナの教えについて語る地元の教育テレビ番組に私を講師として出演させるなど、周囲に私が自分の養女であることを認知させるため力を尽くしてくださいました。

天使のお導きに従ってカーン博士に相談をしたことで、そこには私が思っている以上の展開が待っていました。彼女の養女になることによって、私の運命は大きく変わっていったのです。

大事なのは魂でつながること

こうして、私自身が自信を持ってロミロミを伝えるようになり、カーン博士の予想通り、日本人向けにロミロミの真髄を伝えるハワイで初めての合宿セミナーには、たくさんの方が申し込んでくださるようになりました。

考えてみると、私はカーン博士の養女にはなりましたが、自分自身は何も変わっていません。世間的な信用や名声は増しましたが、私が話している内容も、伝えたいと思っていることももとのままです。博士が最初に話していたように、じつは何も問題はなく、すべては私の勝手な思い込みだったのです。

それが深く実感できた私は、自分の内面から湧いてくる思いを信じ、これまで以上に心を込めて皆さんにハワイアンの叡智を伝えられるようになりました。

こうしたエピソードからもわかるように、私もみなさんと同じように人生のなかでいろいろなことを学び、成長している一人の人間です。私が特殊な能力を持っていたから自然につながれ、宇宙の法則が理解できたわけではありません。

確かに人よりも感じる力は強いので、それが人々のお役に立つことに喜びを感じていますが、この現実世界のルールを守りながら、自分にできることを素直な気持ちで続け、やりたいことを一つずつ実現させてきただけなのです。

与えられた環境のなかでチャレンジし、時には失敗もしながら、この土地に伝わるフナの教えを実践しているうちに、自然に自分の使命に目覚めていったのです。

ですから、**たとえうまくいかない状況であったとしても、自分の意志一つで最後は絶対に何とかなるということが体験的にわかります。**

信じてさえいれば、自分に必要なものは必ずやってきます。自分自身の内側にある素晴らしいエナジーを信じれば新しい扉が開き、少しずつ形になっていきます。それをただ信じられるかどうかなのです。

大事なのは恐怖に基づいた選択をせず、自分を信じ切ること。大自然のエナジーが必要なものを与えてくれていることを感じ、「大丈夫、きっとやっていける」という勇気を持つこと。そして、前へ踏み出すこと。**私が人前で自信をもって話すことができるのは、自分自身が体験し、理解してきたことだけを基準にしているからです。自**

分が大丈夫だったからこそ、皆さんに対しても「大丈夫」と言えるのです。

「できない、できない」と思っている人は、その思いを変える勇気を持つことは必要ですが、それは自分を信じることから始まります。もちろん、人との出会いも、自分を信じることで広がっていくでしょう。

✿人生はミラクルの連続

もう一つ、カーン博士との体験談をお話ししましょう。

カウアイ島でセミナーを開催していた時のこと。参加者の皆さんを前に授業をしていたら、どこからか不意にカーン博士の声が聞こえ、彼女の乗った飛行機がまもなく空港に到着することがわかりました。

カーン博士が、いまから空港に迎えに来るようにとテレパシーを送ってきたのです。

突然のことにいったい何事かと思いながらも、とりあえずみんなに自習をしてもらって空港に向かったところ、まるで当たり前のように到着出口から出てくるカーン博士の姿を見つけました。

彼女はニコニコしながら、「お告げをもらったので、これを届けに来たのよ」と言うと、何種類ものオラクルカードを入れた紙袋を手渡してくれました。私は、大切な教材であるカードを忘れたことすら気づいていなかったのに、彼女には何もかもお見通しです。

結局、カーン博士はそのままセミナーのゲスト講師として皆をサポートしてくださることになりました。参加者の皆さんは、私の行動があまりに唐突だったためとても驚いたようでしたが、ハワイの母であるカーン博士とは魂でつながりあっている感覚があるため、こうしたテレパシックなやりとりが自然とできてしまいます。

それは特殊な能力のように思えるかもしれませんが、自分が感じたことを素直に受け入れ、とにかく行動していくことで誰でも得られるものだと思います。

つねに自然体を心がけ、やってくるサインをつかみ、実行し、理解に変えていく。そうやって前に進んでいくことで、現実のなかで不思議なシンクロが増え、ソウルメイトと呼ばれている魂の仲間たちと出会いながら、成長していくのです。

私の人生がそうであったように、人生はミラクルの連続です。あなたが信じさえすれば、あなたが必要とする出会いがきっともたらされるでしょう。

レイアのエナジー法則 5

1 パートナーと出会う極意は探さないこと。エナジーを高めていけば、相手のほうが引き寄せられます。

2 パートナーがいようがいまいが、あなたはすでに必要なものが与えられ、満たされています。

3 まずは自分を磨くこと。ふっと肩の力が抜けた時、あなたに必要な出会いが訪れます。

4 あなたの内側にエナジーが満ちていれば、寂しさは自然と離れていきます。

5 自分の心の癖に気づき、言葉や行動パターンを変えると、新しい出会いが生まれます。

6 好きな人に出会えても出会えなくても、あなたの幸せは何も変わりません。

おわりに～すべては魂の成長のために

この世界には愛のエナジーがあふれていること、天使たちがたえずあなたを守ってくれていること、それさえ忘れなければ必ず道は開けること……これまで様々な角度からお伝えしてきましたが、いかがだったでしょうか？

この本に書いたことは、私が開催しているセミナーでお話ししていることのほんの一部でしかありませんが、すべての教えは、どこかの本で読んだり、誰かの講座で頭に詰め込んだことの受け売りではなく、大自然からのメッセージを通して実際に体験したことに基づいた宇宙の法則です。

ローラーコースターのように波乱にとんだ人生を送りながら、時にはつまずき、時には失敗してもつねに感謝の気持ちを忘れず、何事も恐れることなく前を向いて歩んできた私自身の内側から泉のように湧き出す、幸せになるための愛の法則なのです。

目に見えない力に導かれながら、次第に理解を深めていった生き方の智慧は、カーン博士との出会いによって、古代ハワイアンの「フナの教え」へとつながりました。

そして、フナの教えの継承者として選ばれ、ハワイアンのロミロミを通してたくさんの人の波動を高めることもできるようになりました。

気がつけば、ハワイ、日本、アメリカ本土、ヨーロッパと世界各地で講演やワークショップのお話をいただき、地球を舞台に充実した毎日を送っています。

愛と許しと浄化を基本とするフナの教えは、大自然と一体になり、自分自身が愛そのものであることを教えてくれます。

フナを学ぶためには、年齢、職業、性別、国籍などは一切関係ありません。

いまこの本を読んでくださっているあなたも、この宇宙の愛の法則を知った瞬間から、幸せの波に乗れるようになります。これからもっと幸せになれるはずです。

すべては、自然体。偏ることのない中道を心がけ、自然に愛に基づいた思考、言葉、行動ができるようになってください。

戦争、大気汚染、環境破壊、飢餓、自然災害……ネガティブなエナジーがこの物質文明の世界を取り巻いていることを感じている人は多いかもしれませんが、真実の愛に向かって目覚めようとしている人たちも世界中に増えてきています。

人生、これからもつらいことはあるかもしれません。時には人間不信になることもあるかもしれません。思い通りにならないこともあるかもしれません。

そんな時、本当のあなたは愛のエナジーに満ちた存在であるということを思い出すことができれば、そこから浄化が始まります。だから、どんな状況であっても必ず良い方向に進んでいくことを忘れないでください。

強くなること。希望を忘れないこと

私は、事故で生死の境をさまよった経験から、「死の瞬間には、やって失敗したことよりも、やりたかったのにやらなかったことの方がずっと後悔する」ということを確信しています。

ですから、これからも、自分が望んだことは必ずできるのだと信じ、前に進んでいきたいと思っています。

世界中のみんなが、もっともっと幸せになりますように。

子供たちが安心して育つことのできる争いのない平和な世の中になりますように。

おいしい水と澄んだ空気の地球を守り、すべての人が愛に目覚めますように……。

そんな願いを込めて、ご縁のある皆さんに、次のメッセージを送ります。

与えられたものに感謝し、自分を愛し許し、人を愛し許し、無限の可能性を信じ、夢を持って前向きに進んでいくこと。

たとえどんなことがあっても投げやりになったり、不幸を人のせいにしたり、途中であきらめたりしないこと。

強くなることです。それを忘れないで、神様から与えられた大切な命を慈しみ、愛おしみ、輝かせていきましょう。

そうすれば、自分が幸せになるばかりではなくこの地球は愛で満たされ、世界中に平和と安らぎが訪れます。

一人一人がもっと幸せになることが、この地球を救うことになるのです。

今日から、いまから、この瞬間から、まずあなたが幸せになりましょう。

どうしたらよいかわからなくなったら、少し立ち止まって、あなた自身の内なる声、魂の声に耳を傾けてください。自然のエナジーを感じ、あなたを守っている天使たちの存在を信じましょう。

大丈夫。あなたの魂はあなたが望む方向へきっと導かれていきます。この本が、あなたの魂の旅路に少しでもお役に立つことを祈っています。

最後になりましたが、この本を世に出すにあたって、WAVE出版の大石聡子さんをはじめとするスタッフの皆さん、最初から最後まで辛抱強く編集作業におつきあいしてくださったサンダーアールラボの長沼敬憲さん、忙しく飛び回る私を追って、ハワイ、ギリシャまで飛んできて支えてくださった同社代表の長沼恭子（ワイプヒア）さんに心からの感謝の気持ちを捧げます。

そして、どんな時でも見守り、導いてくれている天使たちに愛を送ります。

愛を込めて

２０１６年６月
レイア高橋

レイア高橋　Leia Takahashi
ハワイアン・ドリーム・クリエイションズ（HDC）代表

ハワイを拠点に、ヒーリング・セラピストのカリスマとして世界中で活躍。身も心も癒す「ロミロミ」の伝統的スタイル（マナヴァヒ・スタイル）のカフ（継承者）として、現地に古くから伝わる生き方の哲学「フナの教え」に基づいた質の高い教育プログラムを提供。古代ハワイアンの歴史や文化をはじめ、浄化のための瞑想法、呼吸法、チャント詠唱法などを伝えている。また、ハワイ州で唯一のスピリチュアル・コーディネーターとしてハワイの州内の島々や世界各地で聖地ツアーを主催。地元ハワイの教育テレビ番組の講師としても古代ハワイ文化のスピリチュアリティを発信するなど、心と体の癒しを求めるすべての人に愛のエナジーを送り続けている。

https://www.aloha-hdc.com

宇宙に愛される幸運エナジーの法則

2016年7月15日　第1版第1刷発行

著者　レイア高橋
発行者　玉越直人
発行所　WAVE出版
〒102-0074　東京都千代田区九段南4-7-15
TEL 03-3261-3713
FAX 03-3261-3823
振替 00100-7-366376
E-mail: info@wave-publishers.co.jp
http://www.wave-publishers.co.jp

印刷・製本　萩原印刷

NDC159 231p 19cm
ISBN978-4-86621-005-6